2025년 출제 기조 변경 반영

국가직·지방직 9급 공무원 시험 영어 모의고사 2

머리말

공무원 시험을 준비하는 수험생 여러분,

여러분의 열정과 도전을 진심으로 응원합니다. 2024년 12월에 출간된 『2025년 9급 공무원 시험 영어 모의고사 시즌 1』이 많은 수험생들에게 신뢰받는 학습 자료로 자리 잡았다는 점을 기쁘게 생각합니다. 이번에는 더욱 강화된 구성과 새롭고 다채로운 문제들로 두 번째 영어 모의고사 교재를 선보이게 되어 매우 뜻깊습니다.

인사혁신처에 따르면, 2025년 공무원 영어 시험은 단순한 언어 지식을 넘어, 복합적인 사고력과 실전 적용 능력을 평가하는 방향으로 변화하고 있습니다. 이러한 흐름에 맞춰 본서는 최신 출제 경향을 면밀히 분석하고, 다양한 접근 방식을 반영한 문제들을 풍부하게 수록하여 학습 효과를 극대화할 수 있도록 설계하였습니다. 실전에서 요구되는 사고 과정과 해결 전략을 체득할 수 있도록 보다 입체적으로 문제를 구성하였습니다.

이번 시즌 2에서는 원패스 스파르타의 학습 연구진이 직접 기획, 분석, 검토하여 출제 경향을 반영한 실전형 문제를 정교하게 구성하였으며, 최신 시험 흐름을 반영한 난이도 조정과 유형별 문제 배열을 통해 균형 잡힌 학습이 가능하도록 하였습니다. 또한, openAI의 ChatGPT와 협력을 통해 문제의 세밀함과 다양성을 한층 강화하였으며, 이를 통해 수험생 여러분이 더욱 체계적인 학습을 진행할 수 있도록 지원하였습니다.

본서에 포함된 모든 문제는 단순한 정답 확인을 넘어, 개념의 본질을 깊이 이해하고 실전에서 활용할 수 있도록 구성되었습니다. 또한, 논리적인 추론과 분석 능력을 배양할 수 있는 해설을 제공하여, 시험을 대비하는 과정에서 스스로의 사고력을 확장할 수 있도록 돕고자 하였습니다.

이 책이 출간되기까지 헌신적으로 참여해 주신 원패스 스파르타 학습 연구진과, 문제 개발 과정에서 도움을 준 ChatGPT의 인공지능 기술에 깊은 감사를 전합니다. 또한, 본서를 활용하는 모든 수험생 여러분이 보다 체계적이고 효과적인 학습을 통해 목표를 달성할 수 있기를 진심으로 바랍니다.

수험 생활은 한 걸음 한 걸음 쌓아가는 과정이며, 꾸준한 노력과 올바른 전략이 합쳐질 때 비로소 값진 결실을 맺을 수 있습니다. 여러분의 도전이 반드시 보답받기를 바라며, 여러분의 합격을 진심으로 기원합니다.

2025년 9급 공무원 시험 영어 모의고사 2 집필진 일동

차 례

문제편

1회	10
2회	14
3회	18
4회	22
5회	26
6회	30
7회	34
8회	38
9회	44
10회	48
11회	52
12회	56

해 설 편

빠른 정답

1회	10
2회	14
3회	18
4회	22
5회	26
6회	30
7회	34
8회	38
9회	44
10회	48
11회	52
12회	56

문제 편
(1회 - 12회)

영 어

[1~3] 밑줄 친 부분에 들어갈 말로 가장 적절한 것을 고르시오.

1. The museum acquired a collection of _____ artifacts that date back to ancient times.

① modern
② trivial
③ damaged
④ rare

2. The government launched a campaign to raise awareness about the _____ of mental health.

① complication
② significance
③ complexity
④ irrelevance

3. If she _____ the warning signs earlier, she might have avoided the accident.

① notices
② had noticed
③ has noticed
④ is noticing

[4~5] 밑줄 친 부분 중 어법상 옳지 않는 것을 고르시오.

4. The team ① <u>conducted</u> a thorough analysis of the market trends and ② <u>identified</u> several opportunities for growth. They concluded that more resources ③ <u>would allocated</u> to marketing efforts to ensure long-term success, ④ <u>which</u> could benefit the company significantly.

5. The company ① <u>has been expanding</u> rapidly in recent years. Its new products ② <u>are</u> being launched in multiple markets simultaneously, creating opportunities ③ <u>for</u> growth and innovation, but its operational costs ④ <u>has increased</u> significantly.

[6~7] 밑줄 친 부분에 들어갈 말로 가장 적절한 것을 고르시오.

6.
A: I'd like to book a hotel room for two nights in Tokyo.
B: Sure. Do you have specific dates in mind?
A: Yes, I'll check in on May 10th and check out on May 12th.
B: Great. What type of room would you like to book?
A: A single room will be fine.
B: Do you have any special requests for the room?
A: _____
B: Got it. Your room is reserved.

① Yes, I'd like a room with a sea view.
② No, I'd like to book a flight instead.
③ Yes, I have two luggages.
④ No, I don't need a room.

7.

Sophia White
Hi, I'm interested in renting a private office space for a day.
3:12

David Brown
Thank you for reaching out. We have several options available depending on your needs. Can you share how you plan to use the space?
3:12

Sophia White
Sure. I'll be hosting a small team meeting for 8 people and need a quiet environment.
3:12

David Brown
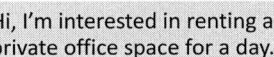
3:13

Sophia White
The meeting is scheduled for Tuesday, August 8th. Do you have a private space available on that date?
3:13

David Brown
Yes, we do. I can confirm the booking and send you all the details by email.
3:13

① Don't forget to bring a laptop with you!
② When exactly will you be arriving at the office?
③ How many people are attending the meeting?
④ Could you tell me the exact date of your meeting?

[8~9] 다음 글을 읽고 물음에 답하시오.

Digital Literacy Initiative

Mission
Our mission is to <u>empower</u> students and adults with the skills they need to navigate and succeed in a technology-driven world. By offering training in essential digital tools, we aim to bridge the gap between those with access to technology and those without. These programs focus on critical skills such as online safety, information evaluation, and effective use of digital platforms.

Vision
We envision a society where all individuals, regardless of age or background, have equal opportunities to leverage technology for learning, career growth, and personal development. Our initiative seeks to eliminate digital illiteracy and build a future where technology serves as a tool for inclusivity and empowerment.

Core Values
• Accessibility: We ensure that digital education is available to everyone.
• Responsibility: We promote ethical and responsible use of digital tools.
• Innovation: We adopt modern teaching methods to make learning effective and engaging.

8. 윗글에서 Digital Literacy Initiative에 관한 내용과 일치하는 것은?

① It promotes inclusivity by bridging the digital divide.
② It discourages the use of digital platforms.
③ It replaces traditional education entirely.
④ It focuses only on programming skills.

9. 밑줄 친 empower의 의미와 가장 가까운 것은?

① weaken
② strengthen
③ restrict
④ replace

[10~11] 다음 글을 읽고 물음에 답하시오.

(A)

As a resident of Riverdale, you have likely enjoyed the beauty of the Riverdale Forest.

However, the forest is now under threat due to illegal logging and land development.

The Riverdale Preservation Committee is holding a meeting to discuss what can be done to save this vital natural resource. Community involvement is critical to protecting the forest, which supports local wildlife and helps reduce pollution.

Who wants to lose a forest full of life?

Sponsored by: Riverdale Preservation Committee

• Location: Riverdale Community Hall, Room 102
• Date: Saturday, August 19, 2025
• Time: 3:00 p.m.

For more information, visit our website at www.riverdaleforestpreservation.org or call (567) 890-1234.

10. (A)에 들어갈 윗글의 제목으로 가장 적절한 것은?

① The Future of Riverdale Forest
② Stop Illegal Logging in Riverdale
③ Join the Effort to Save Riverdale Forest
④ Meeting for Forest Developers

11. 위 안내문의 내용과 일치하지 않는 것은?

① 숲은 불법 벌목과 토지 개발로 인해 위협받고 있다.
② 커뮤니티 참여는 숲 보호를 위해 필수적이다.
③ 자세한 내용은 전화 문의를 통해 확인할 수 있다.
④ 회의는 2025년 9월 19일에 열린다.

12. 다음 글의 목적으로 가장 적절한 것은?

Dear Employees,

Sitting at a desk for long hours can cause discomfort and even long-term health issues. To help you maintain good posture and prevent work-related strain, here are five easy tips:

1. Adjust your chair so that your feet rest flat on the floor.
2. Keep your monitor at eye level to avoid neck strain.
3. Use a chair with proper back support to reduce lower back pain.
4. Take short breaks to stretch and move around every hour.
5. Position your keyboard and mouse so your wrists stay in a neutral position.

For more workplace wellness tips, visit our Employee Wellness Portal. Remember, taking care of your posture is essential for maintaining productivity and well-being.

Sincerely,

HR Wellness Team

① to encourage employees to use ergonomic furniture
② to remind employees about health insurance benefits
③ to inform employees about good posture at work
④ to announce an upcoming workplace safety seminar

13. 다음 글의 주제로 가장 적절한 것은?

The Great Barrier Reef, one of the world's most diverse marine ecosystems, has been experiencing significant coral bleaching in recent years due to rising ocean temperatures. Scientists have been closely monitoring the reef using satellite imagery and underwater drones to assess the extent of the damage. Conservation efforts, including coral restoration projects and stricter environmental regulations, are being implemented to mitigate further deterioration. Experts emphasize the need for immediate global action to reduce carbon emissions and protect marine biodiversity.

① impact of pollution on marine species
② conservation efforts to protect ocean ecosystems
③ monitoring and preserving the Great Barrier Reef
④ benefits of coral reefs for human populations

14. 다음 글의 내용과 일치하지 않는 것은?

The Green Valley Zoo is open daily, welcoming visitors from 9:00 a.m. to 6:00 p.m. (April–October) and 9:00 a.m. to 5:00 p.m. (November–March). Tickets can be purchased in advance through the link below. After purchasing, you will receive a confirmation email—please ensure you check all folders in your inbox. Show your confirmation, either as a printout or on a digital device, when arriving at the entrance.

• **Online tickets**: tickets.greenvalleyzoo.com

The Green Valley Zoo and its Wildlife Discovery Zone operate separately, each requiring a $12.00 admission fee. Tickets for close-up animal experiences, such as feeding sessions, are available for purchase at the guest services counter during normal hours.

• **CLOSED:** Christmas, New Year's Day, and Independence Day

Visitors conducting independent wildlife studies may access the zoo's research facility at no cost, though prior authorization is necessary.

For further details, call 1 (800) 555-1234.

① The zoo closes at 5:00 p.m. in winter months.
② Feeding session tickets can be purchased on-site.
③ Visitors pay extra for the Wildlife Discovery Zone.
④ Research in the facility requires a fee.

15. 다음 글의 요지로 가장 적절한 것은?

Emergency Response Coordination
The National Disaster Response Unit (NDRU) is responsible for preparing and responding to natural disasters. The agency works closely with emergency services to ensure communities receive timely warnings and assistance during catastrophic events.

Hurricane and Flood Protection
Hurricanes and floods frequently threaten coastal regions, causing severe damage to homes and infrastructure. NDRU develops early warning systems, providing residents with alerts and safety instructions to minimize risk.

In addition to disaster response, NDRU organizes public safety drills and evacuation plans. The agency also trains local emergency teams to improve rescue operations in affected areas.

① NDRU focuses mostly on flood prevention.
② NDRU provides disaster alerts and assistance.
③ NDRU organizes local emergency teams.
④ NDRU collaborates with infrastructure services.

16. 다음 글의 흐름상 어색한 문장은?

Many studies have shown that regular exercise has profound benefits for mental health. ① Physical activity releases endorphins, which improve mood and reduce stress. ② Walking in nature can be especially beneficial, helping individuals feel more connected to their surroundings. ③ A lack of sleep can cause serious health problems, including heart disease and depression. ④ Engaging in sports or group exercises fosters social connections and teamwork. Developing a consistent workout routine is essential for long-term well-being.

17. 주어진 문장이 들어갈 위치로 가장 적절한 것은?

As a result, economic inequality increased, and while wealthy industrialists amassed great fortunes, the working class faced poverty and hardship.

The Industrial Revolution brought significant economic and technological advancements that reshaped societies worldwide. (①) The shift from agrarian economies to industrial production led to rapid urbanization, with people flocking to cities in search of employment. (②) However, working conditions in factories were often harsh, with long hours, low wages, and unsafe environments. (③) Many laborers struggled to provide for their families despite their hard work, as wages remained low and living costs rose. (④) In response to these injustices, labor unions and social movements emerged to demand fair wages and better working conditions, leading to reforms in labor laws.

18. 주어진 글 다음에 이어질 글의 순서로 가장 적절한 것은?

As soon as I noticed the envelope on my doorstep, I glanced around. No one was there. With hesitant fingers, I picked it up and stepped inside.

(A) My heart pounded as I carefully unfolded the paper. The words were brief, cryptic even, but they sent a chill down my spine: "Meet me where it all began. Midnight."

(B) Inside was a letter written in elegant cursive. The ink was slightly smudged, as if someone had written it in a hurry. My name was scrawled at the bottom, but I didn't recognize the handwriting.

(C) I sat down at the kitchen table, staring at the message. What did it mean? Who had left it? A hundred questions swirled in my mind as the clock ticked away.

① (A) - (C) - (B)
② (B) - (A) - (C)
③ (B) - (C) - (A)
④ (C) - (B) - (A)

[19~20] 밑줄 친 부분에 들어갈 말로 가장 적절한 것을 고르시오.

19.

Artificial intelligence (AI) is transforming workplaces across industries, automating tasks that were once performed by humans. AI-powered tools can analyze vast amounts of data, optimize workflows, and even assist in decision-making. However, the integration of AI has also led to concerns about job displacement, particularly in sectors heavily reliant on routine tasks. Some experts argue that while AI will replace certain jobs, it will also create new opportunities requiring advanced skills. Therefore, companies and governments must invest in retraining and upskilling workers to adapt to this technological shift. This transformation _____, affecting employment trends, income distribution, and workforce planning on a global scale.

① presents both opportunities and challenges
② ensures higher productivity and efficiency
③ eliminates the need for human intervention
④ discourages innovation in traditional industries

20.

Many people struggle to change their habits, believing that sheer willpower alone is enough to make a lasting difference. However, research suggests that willpower is a limited resource and that relying solely on it often leads to failure. Instead, successful habit change involves identifying triggers, creating positive routines, and reinforcing behaviors with rewards. A person who constantly fails to stick to a new habit may blame themselves for lacking discipline, but the key lies not in self-criticism but in _____.

① removing all daily routines
② understanding how habits form
③ relying only on willpower
④ ignoring personal habit triggers

영 어

[1~3] 밑줄 친 부분에 들어갈 말로 가장 적절한 것을 고르시오.

1. The company implemented new policies to ensure a _____ working environment for all employees.

   ① stressful
   ② pleasant
   ③ risky
   ④ challenging

2. The scientist's discovery was so _____ that it changed the way researchers approached the problem.

   ① ordinary
   ② irrelevant
   ③ groundbreaking
   ④ incomplete

3. By the time the new law is implemented, many companies _____ their policies to comply.

   ① will change
   ② will have changed
   ③ changed
   ④ are changing

[4~5] 밑줄 친 부분 중 어법상 옳지 않은 것을 고르시오.

4. If she ① had known about the risks earlier, she ② would have taken precautions. However, it's clear that she ③ had underestimated the potential danger, and now she wishes she ④ is more cautious in the past.

5. The countryside ① was beautiful and quiet, offering a peaceful escape from the city. The family said they enjoyed the slower pace of life, ② where people always smile and neighbors ③ helping each other. However, they found it difficult ④ to adapt to the limited amenities.

[6~7] 밑줄 친 부분에 들어갈 말로 가장 적절한 것을 고르시오.

6.
A: Hello, I'm interested in taking a cooking class.
B: Great! What kind of cuisine are you interested in?
A: I'd like to learn how to make Italian food.
B: We have a beginner course starting next Monday. Does that work for you?
A: Yes, that's perfect.
B: Do you have any dietary restrictions we should be aware of?
A: _____
B: Noted. See you next Monday.

① Yes, I'd like to cancel the class.
② No, I'd like to learn French cuisine.
③ No, it's my first time.
④ Yes, I don't eat meat.

7.

Emily Davis: Hi, I'm interested in renting one of your workshop rooms. 10:05

Ben Carter: Thank you for your inquiry. We have several spaces available depending on your needs. How many people will be attending? 10:06

Emily Davis: We're planning for a group of about 10 people. 10:06

Ben Carter: We have a perfect room for that size. When is the workshop scheduled?

Emily Davis: It's scheduled for Tuesday, October 10th. 3:13

Ben Carter: _____ 3:13

Emily Davis: That'll be great. I'll confirm the details and send payment later today. 3:13

① Should we arrange tables for group activities?
② Could you let me know the duration of the workshop?
③ Can you confirm the start time for the booking?
④ Is this a recurring booking, or just for one day?

[8~9] 다음 글을 읽고 물음에 답하시오.

Renewable Energy Advocacy Program

Mission
Our mission is to promote the adoption of renewable energy sources, such as solar, wind, and hydropower, to reduce dependence on fossil fuels. By advocating for clean energy solutions, we aim to combat climate change and build a sustainable future.

Vision
We aspire to a world powered by renewable energy, where economic growth and environmental preservation go hand in hand. Our vision includes <u>fostering</u> innovation in energy technologies and making clean energy accessible to all.

Core Values
- Innovation: We drive advancements in renewable energy technologies.
- Sustainability: We ensure that energy production meets current and future needs.
- Equity: We make renewable energy solutions affordable and available to all communities.

8. 윗글에서 Renewable Energy Advocacy Program에 관한 내용과 일치하는 것은?

① It promotes dependence on fossil fuels.
② It advocates the adoption of renewable energy sources.
③ It opposes innovation in clean energy technologies.
④ It ignores the importance of sustainability.

9. 밑줄 친 fostering의 의미와 가장 가까운 것은?

① ignoring
② promoting
③ discouraging
④ halting

[10~11] 다음 글을 읽고 물음에 답하시오.

(A)

We're excited to invite you to the Annual Health and Wellness Fair, a community event promoting a healthier lifestyle for everyone. This event offers free health screenings, fitness classes, and expert consultations to help you achieve your health goals. Whether you're just starting your wellness journey or looking for new tips, there's something for everyone!

Details
- **Dates**: Saturday, May 20 – Sunday, May 21
- **Times**: 9:00 a.m. – 5:00 p.m.
- **Location**: Central Community Center, Wellness Avenue

Highlights
- **Health Screenings**
  Get free tests for blood pressure, cholesterol, and other health checks to stay on top of your wellness.
- **Fitness Classes**
  Join sessions like yoga, Zumba, and meditation to improve your physical and mental health.
- **Nutrition Workshops**
  Learn how to prepare healthy and budget-friendly meals with practical advice from experts.

For more details, visit www.healthycommunityfair.org or call (444) 123-5678.

10. (A)에 들어갈 윗글의 제목으로 가장 적절한 것은?

① Discover the Secrets of Modern Medicine
② Join Us for a Healthier Community
③ Learn How to Cook Healthy Meals
④ The Importance of Fitness in Daily Life

11. Annual Health and Wellness Fair에 관한 윗글의 내용과 일치하지 않는 것은?

① 무료 건강 검진이 제공된다.
② 요가와 줌바 수업이 포함된다.
③ 매년 5월에 열린다.
④ 자세한 내용은 웹사이트를 통해 확인할 수 있다.

12. 다음 글의 목적으로 가장 적절한 것은?

Dear Valued Customers,

Eating well is one of the best ways to support your health. A balanced diet can boost energy levels, strengthen the immune system, and reduce the risk of chronic diseases. However, busy schedules and unhealthy food choices can make it difficult to maintain proper nutrition. To help you stay on track, here are five simple tips:

1. Add a variety of fruits and vegetables to every meal.
2. Choose whole grains instead of refined carbohydrates.
3. Reduce processed foods and added sugar intake.
4. Drink plenty of water to stay hydrated.
5. Plan and prepare meals in advance to avoid unhealthy choices.

By making small but consistent changes, you can improve your overall well-being and develop lifelong healthy habits. For more nutrition tips and personalized meal planning advice, visit our website. Taking care of your body starts with what you eat.

Sincerely,

NutriFit Team

① to promote a new diet program for better nutrition
② to provide tips on maintaining a healthy diet
③ to recommend vitamin supplements for health
④ to advertise a weight-loss plan for customers

13. 다음 글의 주제로 가장 적절한 것은?

Self-driving cars, once considered a futuristic concept, are rapidly becoming a reality thanks to advancements in artificial intelligence and sensor technology. Companies are testing autonomous vehicles on public roads, aiming to improve safety and efficiency. While supporters argue that these cars will reduce traffic accidents caused by human error, concerns remain about ethical decision-making in unpredictable situations. Governments are working on regulations to ensure the safe integration of autonomous vehicles into society.

① future of autonomous vehicle technology
② ethical concerns in artificial intelligence
③ role of public transportation in urban areas
④ government regulations on car manufacturing

14. 다음 글의 내용과 일치하지 않는 것은?

The National Science Museum is open Tuesday through Sunday, from 10:00 a.m. to 6:00 p.m. It remains closed on Mondays and Thanksgiving Day. Guests may purchase tickets online via the official website listed below. A confirmation email will be sent after payment—please have it ready in print or on a mobile device when entering the museum.

• **Online tickets**: museumtickets.nationalscience.org

The National Science Museum and the Space Exploration Center require separate admission fees, each costing $15.00 for adults. Visitors may buy tickets for the planetarium and interactive exhibits at the main counter during opening hours.

• **CLOSED:** Mondays and Thanksgiving

There is no charge for visitors accessing the Science Archives for research purposes, but use of specialized equipment must be booked in advance.

For additional information, call 1 (888) 222-5678.

① Digital or printed confirmation is required for entry.
② Planetarium tickets are sold at the entrance counter.
③ Visitors must pay a fee to access the Science Archives.
④ The museum does not operate on Mondays.

15. 다음 글의 요지로 가장 적절한 것은?

Advancements in Space Science
The International Space Research Institute (ISRI) leads scientific exploration beyond Earth. The agency collaborates with space organizations worldwide to develop technology for deep-space missions and satellite deployment.

Mars and Beyond
One of ISRI's primary objectives is the study of Mars. Scientists analyze soil samples and atmospheric conditions to determine the planet's potential for human settlement. Research missions gather critical data that may support future exploration efforts.

ISRI also operates telescopes and space observatories to study distant galaxies. These projects expand human knowledge about the universe and help predict cosmic events that could impact Earth.

① ISRI mainly focuses on Earth-based weather research.
② ISRI studies Mars and other space phenomena.
③ ISRI collaborates only with local researchers.
④ ISRI does not study galaxies outside the solar system.

16. 다음 글의 흐름상 어색한 문장은?

Technology has transformed the way we communicate in the modern world. ① Social media platforms allow people to stay in touch regardless of distance. ② Smartphones enable instant access to information and facilitate online interactions. ③ Video calls have become a common method for business meetings and remote work. ④ Email communication, which used to be widely used in professional settings, is slightly outdated though, as many businesses now rely more on instant messaging and collaboration tools. Advancements in digital communication continue to shape human interactions.

17. 주어진 문장이 들어갈 위치로 가장 적절한 것은?

Mass production of clothing requires significant amounts of water, chemicals, and energy, leading to waste and pollution.

The fashion industry is one of the largest contributors to environmental pollution. (①) In response, the concept of sustainable fashion has gained traction among consumers and designers. (②) Many brands are now using recycled materials and eco-friendly production processes to reduce their environmental impact. (③) Sustainable practices also aim to promote ethical labor conditions and minimize harm to natural resources. (④) As awareness grows, more people are embracing eco-friendly choices, such as thrift shopping and supporting sustainable brands.

18. 주어진 글 다음에 이어질 글의 순서로 가장 적절한 것은?

The cat sat at my doorstep, its green eyes staring at me with quiet insistence. It didn't meow or scratch the door. It simply waited.

(A) I sighed and stood up. "Fine," I muttered, stepping inside. A minute later, I returned with a small bowl of milk, placing it on the ground.
(B) I had seen it before, lingering near the alleyway, but it had never come this close. It was thinner than I remembered, and its fur looked rough.
(C) Slowly, I crouched down and extended my hand. It sniffed cautiously before pressing its head against my palm.

① (A) - (B) - (C)
② (A) - (C) - (B)
③ (B) - (A) - (C)
④ (C) - (B) - (A)

[19~20] 밑줄 친 부분에 들어갈 말로 가장 적절한 것을 고르시오.

19.
With advancements in healthcare and living standards, the global population is aging at an unprecedented rate. As life expectancy increases, societies must address the economic and social challenges associated with aging populations, such as pension system sustainability and workforce shortages. Many countries are introducing policies to encourage higher birth rates or extend retirement ages. Despite these efforts, _____, requiring innovative solutions to ensure long-term stability.

① younger generations are unaffected
② retirement systems are becoming obsolete
③ aging populations remain a major issue
④ healthcare is shortening lifespans

20.
Many people assume that great leaders are born with an innate ability to inspire and manage others. However, studies show that leadership is a skill that can be developed through experience, self-reflection, and learning from others. A true leader does not rely on authority alone but builds trust through consistent actions, clear communication, and the ability to motivate others. While it may be tempting to blame failures on circumstances or external factors, a strong leader understands that challenges are inevitable. Instead of avoiding difficult decisions, a good leader focuses on _____, ensuring that setbacks become opportunities for growth.

① taking responsibility and finding solutions
② avoiding decisions to prevent mistakes
③ shifting blame to team members
④ disregarding feedback from others

[1~3] 밑줄 친 부분에 들어갈 말로 가장 적절한 것을 고르시오.

1. The teacher emphasized the _____ of completing assignments on time.

   ① relaxation
   ② consideration
   ③ urgency
   ④ confusion

2. The new technology was designed to _____ the efficiency of the manufacturing process.

   ① hinder
   ② boost
   ③ neglect
   ④ restrict

3. If the team _____ more time, they could have completed the project successfully.

   ① has
   ② had
   ③ had had
   ④ will have

[4~5] 밑줄 친 부분 중 어법상 옳지 않은 것을 고르시오.

4. Proper time management ① is essential for achieving your goals. By planning effectively, you can complete tasks ② more efficient, avoiding unnecessary stress and ③ improving your overall productivity, ④ which benefits both your personal and professional life.

5. The local bakery is famous ① for its freshly baked bread, which ② are loved by both locals and tourists alike. They also offer a variety of pastries ③ that are made daily using natural ingredients, ensuring the best quality for their customers. The bakery has been ④ a community favorite for years.

[6~7] 밑줄 친 부분에 들어갈 말로 가장 적절한 것을 고르시오.

6.
A: I'm planning to buy a new bike for weekend rides.
B: That sounds fun! Do you have a specific type of bike in mind?
A: I'm thinking of getting a road bike since I'll mainly be riding on paved roads.
B: That's a great choice. Do you have a budget for it?
A: Around $500 to $700. Do you know any good stores?
B: There's a bike shop downtown that has a great selection.
A: Do you know if they offer any maintenance services?
B: _____.
A: Perfect. I'll visit them this weekend.

① No, they don't sell bikes or provide maintenance.
② You'll need to fix everything yourself.
③ Yes, they offer free maintenance for the first year.
④ No, they only sell parts, not full bikes.

7.

Sarah Parker
Hi, I'm interested in reserving one of your hotel rooms for a family trip.
7:07

John Smith
Thank you for reaching out. We have various rooms available, from single to family suites.
7:07

Sarah Parker
That's great. We'll need a family suite for 4 people, and we're planning to stay for 3 nights next month.
7:07

John Smith
_____
_____
7:08

Sarah Parker
Yes, we'll need parking for one vehicle.
7:08

John Smith
I've noted that. Let me confirm your reservation and send you all the details shortly.
7:08

① Can I get your email adress please?
② Do you need any other additional service?
③ Could you confirm the exact dates of your stay?
④ What time will you check in?

[8~9] 다음 글을 읽고 물음에 답하시오.

Healthy Eating Program

Mission
The Healthy Eating Program aims to promote awareness about balanced nutrition and provide resources to help individuals make healthier food choices. Through workshops and community events, we educate participants on the importance of <u>incorporating</u> fruits, vegetables, whole grains, and lean proteins into their meals.

Vision
We envision a society where everyone has access to nutritious food and understands the role of diet in preventing chronic illnesses and maintaining overall health. Our goal is to foster a culture of informed eating habits that improve quality of life.

Core Values
- Education: We spread knowledge about healthy eating practices.
- Accessibility: We ensure that nutritional guidance and resources are available to all.
- Sustainability: We encourage long-term dietary changes for better health.

8. 윗글에서 Healthy Eating Program에 관한 내용과 일치하는 것은?

① It educates people on the importance of a balanced diet.
② It discourages the consumption of fruits and vegetables.
③ It focuses solely on restricting calories.
④ It avoids discussing chronic illnesses.

9. 밑줄 친 incorporating의 의미와 가장 가까운 것은?

① ignoring
② excluding
③ replacing
④ including

[10~11] 다음 글을 읽고 물음에 답하시오.

(A)

The wetlands near your neighborhood play a critical role in preventing flooding and supporting biodiversity.

Unfortunately, pollution and encroaching urban development are endangering these essential ecosystems.

To address these concerns, the Wetlands Conservation Group is hosting an informational session about how the community can get involved in conservation efforts. The event will also include a discussion on current policies and future plans for protecting the wetlands.

Who wants to live in a neighborhood without thriving wetlands?

Sponsored by: Wetlands Conservation Group

- Location: Community Center, Room A
- Date: Sunday, September 10, 2025
- Time: 1:00 p.m.

Visit www.wetlandsconservationgroup.org for more details or call us at (432) 345-6789.

10. (A)에 들어갈 윗글의 제목으로 가장 적절한 것은?

① Local Wetlands: A Community Resource
② Community Involvement in Wetland Conservation
③ The Importance of Wetland Conservation
④ Thriving Wetlands for All

11. 위 안내문의 내용과 일치하지 않는 것은?

① 지역 대표들의 보존 노력이 중요하다.
② 지역의 습지는 홍수를 예방한다.
③ 회의는 정책보다는 교육에 초점을 맞춘다.
④ 행사 장소는 커뮤니티 센터의 Room A이다.

12. 다음 글의 목적으로 가장 적절한 것은?

Send Preview Save

To: subscribers@sleepwell.com
From: support@sleepwell.com
Date: May 2, 2025
Subject: Important notice

Dear Customers,

Getting enough quality sleep is essential for your health. Poor sleep can lead to stress, low energy, and health issues. To help you improve your sleep, here are five simple tips:

1. Stick to a regular sleep schedule, even on weekends.
2. Avoid caffeine and heavy meals before bedtime.
3. Create a relaxing bedtime routine, like reading or meditation.
4. Keep your bedroom cool, dark, and quiet for better sleep.
5. Limit screen time at least an hour before bed.

For more sleep tips, visit our website and explore expert advice on creating a restful sleep environment. Small changes in your habits can lead to big improvements in your energy, focus, and overall well-being.

Sincerely,

SleepWell Team

---

① to promote a new mattress for better sleep
② to provide tips on improving sleep quality
③ to recommend sleep supplements for relaxation
④ to advertise a sleep tracking app for customers

13. 다음 글의 주제로 가장 적절한 것은?

Ocean pollution is a growing environmental crisis, threatening marine life and ecosystems worldwide. Chemical spills, and oil leaks contaminate the water, harming fish, seabirds, and coral reefs. Scientists estimate that millions of tons of plastic enter the ocean every year. To address this issue, governments are implementing stricter regulations on plastic production, and organizations are developing biodegradable alternatives. However, experts emphasize that public awareness and participation in recycling efforts are essential for reducing ocean pollution in the long term.

① importance of deep-sea exploration
② dangers of plastic pollution in oceans
③ how oil spills impact global trade
④ benefits of coral reef conservation

14. 다음 글의 내용과 일치하지 않는 것은?

The Grand National Library welcomes the public seven days a week, operating from 8:30 a.m. to 9:00 p.m. (April–October) and 9:00 a.m. to 6:00 p.m. (November–March). Visitors can reserve reading rooms in advance through the link below. Once your reservation is complete, a confirmation message will be emailed—please present it upon arrival, either digitally or as a hard copy.

• **Online tickets**: libraryaccess.grandnational.org

Both the Grand National Library and the Historical Archives Room have separate admission charges, with standard entry priced at $8.00. Tickets for guided tours of the rare manuscript collection can be obtained at the reception desk.

• **CLOSED:** Memorial Day, Christmas, and New Year's Day

Access to digital research materials in the library is free, but visitors handling physical archives must obtain prior authorization.

For more details, call 1 (800) 444-7891.

① Tickets for manuscript tours are available at reception.
② Access to the Historical Archives Room requires a fee.
③ Digital research materials can be accessed for free.
④ Visitors cannot book reading rooms beforehand.

15. 다음 글의 요지로 가장 적절한 것은?

Improving Global Healthcare
The Center for Medical Innovation (CMI) is dedicated to advancing healthcare through medical research. The organization funds projects that develop new treatments, enhance surgical techniques, and improve patient care worldwide.

Genetic Research in Medicine
CMI supports groundbreaking research in genetic medicine. Scientists study DNA modification techniques to treat hereditary diseases, potentially preventing life-threatening conditions before they develop.

Beyond research, CMI works closely with hospitals and universities to provide medical training. The organization also facilitates knowledge exchange between scientists to accelerate the discovery of new treatments.

① CMI actively supports research in rare diseases.
② CMI collaborates with local hospitals and schools.
③ CMI mainly focuses on surgical advancements.
④ CMI develops treatments and supports research.

16. 다음 글의 흐름상 어색한 문장은?

Reading books has numerous cognitive and emotional benefits. ① It improves vocabulary and enhances comprehension skills, making it easier to process complex information. ② Fiction allows readers to experience different perspectives, helping them develop empathy and a deeper understanding of human emotions. ③ Watching movies based on books can provide a similar experience, allowing viewers to enjoy stories in a more visually engaging and time-efficient way. ④ Regular reading can also reduce stress and improve concentration, making it a beneficial habit for mental well-being. Cultivating a reading habit can enhance personal growth and intellectual development.

17. 주어진 문장이 들어갈 위치로 가장 적절한 것은?

These films provide fresh perspectives that may not be represented in mainstream cinema, often addressing social issues and unconventional storytelling.

The film industry has undergone significant changes over the years, influenced by technological advancements and cultural shifts. (①) While major studios dominate the box office with big-budget productions, independent films have gained recognition for their unique narratives and artistic creativity. (②) As a result, independent filmmakers often explore controversial themes and experimental storytelling techniques to distinguish their work. (③) With the rise of streaming platforms, independent films now have greater accessibility to global audiences. (④) This shift has allowed filmmakers from diverse backgrounds to share their stories with a wider range of viewers.

18. 주어진 글 다음에 이어질 글의 순서로 가장 적절한 것은?

I ran my fingers along the dusty bookshelf, pausing when I felt something different. A thin, leather-bound book stuck out slightly from the rest.

(A) Carefully, I pulled it out. It was heavier than expected, and the title on the cover had nearly faded away.
(B) My curiosity got the better of me. I glanced around, then opened the book, my heart racing with anticipation.
(C) As I flipped through the pages, I noticed something unusual—pressed between the sheets was an old, yellowed letter.

① (A) - (C) - (B)
② (B) - (A) - (C)
③ (C) - (A) - (B)
④ (C) - (B) - (A)

[19~20] 밑줄 친 부분에 들어갈 말로 가장 적절한 것을 고르시오.

19.

Plant-based diets have gained popularity in recent years due to health, ethical, and environmental concerns. Many people are choosing to reduce meat consumption in favor of plant-based alternatives, which can lower the risk of heart disease and reduce carbon footprints. Food companies are responding by offering a wider range of plant-based products. Despite this trend, _____, as some consumers remain hesitant about taste, cost, and nutritional balance.

① fewer people follow vegetarian diets
② plant-based meals have fully replaced old ones
③ challenges to wider adoption remain
④ meat production remains unaffected

20.

Creativity is often misunderstood as a rare gift that only a few people possess. However, research in psychology and neuroscience suggests that creativity is not an innate trait but rather a skill that can be cultivated through practice and exposure to diverse ideas. Creative individuals are not necessarily those who wait for inspiration to strike but those who explore new perspectives, embrace curiosity, and take risks. Many groundbreaking ideas arise from connections between seemingly unrelated concepts. True creativity flourishes when individuals _____, allowing them to approach problems with fresh insights and innovative solutions.

① follow strict rules without deviation
② seek out diverse perspectives and experiences
③ avoid taking risks or making mistakes
④ limit their thinking to conventional solutions

영 어

[1~3] 밑줄 친 부분에 들어갈 말로 가장 적절한 것을 고르시오.

1. The architect's design for the building was praised for its _____ blend of modern and traditional styles.

   ① seamless
   ② awkward
   ③ inconsistent
   ④ unfamiliar

2. The government introduced a program aimed at _____ poverty in rural areas.

   ① increasing
   ② confirming
   ③ ignoring
   ④ reducing

3. Should the government _____ stricter regulations on emissions, air quality would improve significantly.

   ① enforces
   ② enforced
   ③ enforce
   ④ enforcing

[4~5] 밑줄 친 부분 중 어법상 옳지 않은 것을 고르시오.

4. The initiative ① <u>aims to</u> reduce carbon emissions by 50% within a decade. It involves measures ② <u>such as</u> investing in renewable energy, ③ <u>promoting</u> sustainable practices, and encouraging businesses ④ <u>adopting</u> greener technologies.

5. The project was completed ① <u>ahead of</u> schedule, and the team ② <u>received praise</u> for their efforts. However, it is expected that additional resources ③ <u>are needed</u> to address the remaining issues, which ④ <u>could</u> delay future progress.

[6~7] 밑줄 친 부분에 들어갈 말로 가장 적절한 것을 고르시오.

6.
> A: I'd like to join a gym in my neighborhood.
> B: Sure! Do you prefer a location near your home or workplace?
> A: A location near my home would be convenient.
> B: We have a branch just 5 minutes away from your address. Would you like to take a tour first?
> A: Yes, that would be great.
> B: What type of membership are you considering?
> A: _____
> B: Alright. I'll prepare the details for you.

① I'm not interested in joining any gym.
② I'd like a monthly membership for now.
③ I'd prefer a location far away.
④ I need personal training instead.

7.

Nicole Freeman: Hello, I'm contacting to inquire about renting one of your event halls. 11:41

Zach Whishaw: Of course. We have several options depending on the size of your event. 11:42

Nicole Freeman: That's perfect. We're planning an event for 40 people next month. 11:42

Zach Whishaw: _____ 11:42

Nicole Freeman: Yes, we'll need a projector and a microphone for the presentations. 11:43

Zach Whishaw: Got it. I'll include the equipment in your reservation and send you a confirmation shortly. 11:43

① How many people will be attending the event?
② What kind of event are you planning?
③ Could you let me know if the time works for you?
④ Do you need any equipment for the event?

[8~9] 다음 글을 읽고 물음에 답하시오.

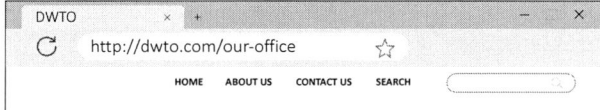

Digital Workplace Transformation Office
—

Mission
The Digital Workplace Transformation Office is committed to modernizing work environments by integrating cutting-edge technologies. By adopting digital tools and automation, the office helps employees collaborate more effectively and increases organizational efficiency.

Vision
We envision a fully digital workplace where employees can perform their tasks seamlessly, regardless of location. Our focus is on improving connectivity, flexibility, and innovation across all departments.

Core Values
• Innovation: We embrace new technologies to improve workflows.
• Efficiency: We streamline processes for better productivity.
• Collaboration: We enhance teamwork through digital tools.

8. 윗글에서 Digital Workplace Transformation Office에 관한 내용과 일치하는 것은?

① It discourages the use of technology in the workplace.
② It promotes digital tools to improve collaboration.
③ It limits flexibility and connectivity.
④ It focuses only on traditional workflows.

9. 밑줄 친 streamline의 의미와 가장 가까운 것은?

① allocate
② complicate
③ simplify
④ worsen

[10~11] 다음 글을 읽고 물음에 답하시오.

(A)

Join us for a hands-on Technology Workshop, where you can learn the latest trends in tech and how to apply them in your daily life. Whether you're a student, a professional, or just curious about tech, this event has something for you.

Details
• **Dates**: Saturday, June 10
• **Times**: 1:00 p.m. – 4:00 p.m.
• **Location**: Innovation Hub, Tech Lane

Highlights
• **AI and Robotics**
 Discover how artificial intelligence and robotics are transforming industries and shaping the future.
• **Coding Basics**
 Take a crash course designed for beginners to learn the fundamentals of coding.
• **Tech Careers**
 Learn from industry leaders about career opportunities and essential tech skills.

For registration and details, please visit our website at www.techhubworkshop.com or call (555) 678-9101.

10. (A)에 들어갈 윗글의 제목으로 가장 적절한 것은?

① The Future of Artificial Intelligence
② Mastering Robotics for Beginners
③ Explore and Learn at the Tech Workshop
④ Tech Careers: What You Need to Know

11. Technology Workshop에 관한 윗글의 내용과 일치하지 않는 것은?

① 초보자를 위한 코딩 수업이 포함된다.
② AI와 로봇에 대해 배울 수 있다.
③ 학생들과 전문가들만을 대상으로 열린다.
④ 주말 오후에 진행된다.

12. 다음 글의 목적으로 가장 적절한 것은?

Send	Preview	Save
To	employees@efficiencyco.com
From	hr@efficiencyco.com
Date	June 15, 2025
Subject	Important notice

Dear Team,

Maximizing productivity at work is essential for efficiency and job satisfaction. Simple changes to your daily habits can help you stay focused and accomplish more. Here are five tips to improve your productivity:

1. Plan your tasks ahead of time and set clear priorities.
2. Take short breaks to maintain focus and reduce stress.
3. Avoid multitasking and complete one task at a time.
4. Organize your workspace to minimize distractions.
5. Use productivity tools to manage time effectively.

For more workplace efficiency tips, visit our Employee Resource Hub. Small improvements in how you work can lead to better results and a less stressful work environment.

Sincerely,

HR Team

① to introduce new project management software
② to provide tips on improving productivity at work
③ to remind employees about break policies
④ to announce changes in work schedules

13. 다음 글의 주제로 가장 적절한 것은?

Advancements in biotechnology are revolutionizing the medical field, offering new treatments and solutions for previously incurable diseases. Gene editing technologies, such as CRISPR, allow scientists to modify DNA to correct genetic disorders and enhance disease resistance. Additionally, regenerative medicine is making significant progress, with researchers developing lab-grown organs and stem cell therapies to replace damaged tissues. While these innovations hold great promise, ethical concerns regarding genetic modifications and accessibility to these treatments continue to be debated by experts worldwide.

① impact of nutrition on genetic disorders
② role of artificial intelligence in healthcare
③ how biotechnology is transforming modern medicine
④ ethical concerns of biotechnology advancements

14. 다음 글의 내용과 일치하지 않는 것은?

The City Art Gallery is open Tuesday to Sunday, with operating hours from 10:00 a.m. to 6:00 p.m. The gallery is closed every Monday and on Veterans Day. Guests who wish to purchase tickets in advance may do so through the online link provided below. After completing the transaction, a confirmation email will be sent—ensure you bring either a digital or printed copy to present at the entrance.

• **Online tickets**: tickets.cityartgallery.com

The City Art Gallery and the Contemporary Art Wing have separate entry fees, each costing $10.00 for adults. Visitors can purchase passes for artist workshops and limited-time exhibitions at the front desk during opening hours.

• **CLOSED:** Mondays and Veterans Day

Visitors may conduct independent research in the gallery's Art Archives without charge, though access to restricted collections requires special approval.

For further details, call 1 (877) 333-5678.

① The gallery remains closed on Mondays.
② Researching in the Art Archives requires a payment.
③ Special exhibition tickets are sold at the front desk.
④ Visitors can purchase tickets online in advance.

15. 다음 글의 요지로 가장 적절한 것은?

Artificial Intelligence and Crime Prevention
The AI Crime Prevention Bureau (ACPB) integrates artificial intelligence into law enforcement strategies. AI systems help identify criminal patterns, analyze security footage, and detect suspicious online activities.

AI-Assisted Crime Analysis
AI tools are widely used in crime analysis, allowing law enforcement agencies to process large amounts of data quickly. ACPB works with local police departments to improve investigative techniques and enhance public safety.

ACPB also ensures AI technologies comply with ethical standards and privacy laws. Experts continuously refine AI models to prevent bias and improve accuracy in crime detection.

① ACPB focuses on monitoring online crimes.
② ACPB integrates AI to improve crime prevention.
③ ACPB rarely works with law enforcement agencies.
④ ACPB establishes and revises AI privacy policies.

16. 다음 글의 흐름상 어색한 문장은?

Traveling exposes people to diverse cultures and experiences. ① Exploring different cuisines allows travelers to appreciate local traditions and expand their tastes. ② Many travelers prefer urban destinations over natural landscapes because of better infrastructure and entertainment options. ③ Visiting historical sites provides insight into a country's past and its heritage. ④ Learning new languages while traveling can enhance cultural understanding and improve communication. Experiencing different ways of life broadens one's perspective.

17. 주어진 문장이 들어갈 위치로 가장 적절한 것은?

Failing to recognize these differences can lead to miscommunication, discomfort, or even unintended conflict in social interactions.

Communication styles vary greatly across cultures and influence the way people interact with one another. (①) While verbal language plays a significant role, nonverbal cues such as gestures, facial expressions, and body language are equally important. (②) Understanding these cultural differences is essential for effective cross-cultural communication. (③) For instance, in some cultures, maintaining direct eye contact is a sign of confidence, while in others, it may be considered disrespectful. (④) By learning about different cultural norms, individuals can improve their ability to communicate respectfully and effectively in diverse environments.

18. 주어진 글 다음에 이어질 글의 순서로 가장 적절한 것은?

Raindrops splashed against my shoulders as I stepped outside, the wind tugging at my coat. I suddenly realized I had left my umbrella inside the café.

(A) Just as I was about to leave, I spotted it leaning against a chair, its handle glistening under the dim café lights.
(B) Relieved, I grabbed it and gave it a quick shake, brushing off the water before stepping back into the cold evening.
(C) I turned back quickly, hoping it was still where I had left it, but the café was already filling up with new customers.

① (A) - (B) - (C)
② (A) - (C) - (B)
③ (C) - (A) - (B)
④ (C) - (B) - (A)

[19~20] 밑줄 친 부분에 들어갈 말로 가장 적절한 것을 고르시오.

19.

Decades of space exploration have left thousands of defunct satellites, rocket fragments, and other debris floating in Earth's orbit. As the number of space missions increases, so does the risk of collisions between active satellites and these remnants, which can create even more debris. Scientists warn that if left unaddressed, space junk could threaten future missions, damage critical communication networks, and make space travel more dangerous. Several initiatives are being developed to remove or recycle debris, but a comprehensive solution has yet to be implemented. The growing problem of space junk _____, prompting urgent discussions on sustainable space policies and cleanup efforts.

① lowers chances of satellite issues
② warns about space exploration risks
③ removes the need for space laws
④ makes all space debris vanish

20.

Success in life and work is often thought to depend solely on intelligence and technical skills. However, studies show that emotional intelligence (EQ) plays an equally significant role in achieving long-term success. People with high EQ are better at managing stress, resolving conflicts, and understanding the emotions of those around them. In contrast, individuals who lack emotional intelligence often struggle with interpersonal relationships and leadership roles. While IQ measures cognitive ability, emotional intelligence determines how well one can navigate social situations. To build strong relationships and effective teams, it is essential to focus on _____, as it enables people to handle challenges with resilience and empathy.

① disregarding emotions in decision-making
② relying solely on IQ and technical skills
③ suppressing emotions to appear stronger
④ controlling and understanding emotions

영 어

[1~3] 밑줄 친 부분에 들어갈 말로 가장 적절한 것을 고르시오.

1. The project manager's job is to _____ tasks appropriately to the team.

① assign
② achieve
③ assist
④ assess

2. The weather was so _____ that we couldn't go hiking.

① calm
② severe
③ mild
④ tolerable

3. The researchers are proud of _____ significant progress in their study over the last decade.

① making
② to make
③ make
④ having made

[4~5] 밑줄 친 부분 중 어법상 옳지 않은 것을 고르시오.

4. Effective leadership ① requires not only vision but also the ability to inspire others. Leaders must communicate their goals clearly, ② ensuring that everyone works towards ③ a common objectives, and ④ fostering collaboration across teams.

5. The small town ① was known for its historic buildings, many of which ② dates back to the 18th century. Tourists often visit the area to explore its charming streets and ③ learn about the stories behind its landmarks. However, some parts of the town ④ are currently under renovation.

[6~7] 밑줄 친 부분에 들어갈 말로 가장 적절한 것을 고르시오.

6.
A: I'd like to schedule an appointment with Dr. Kim.
B: Sure. What day and time work best for you?
A: I'm available next Wednesday afternoon.
B: Dr. Kim has a slot at 3 PM. Does that work for you?
A: Yes, that's fine.
B: Do you have any specific concerns you'd like to discuss?
A: _____
B: Got it. I'll make a note of that for Dr. Kim.

① Yes, I'm not available next Wednesday.
② No, I'd prefer to see another doctor.
③ Yes, I'd like to discuss my back pain.
④ No, I don't need an appointment.

7.

Lauren Bloom
Hi, I'd like to book a table at your restaurant for a dinner party.
12:10

Tim Keller
Thank you for reaching out. We can accommodate groups of 2 to 12 people.
12:10

Lauren Bloom
That's wonderful. We'll need a table for 8 people next Friday at 7 PM.
12:11

Tim Keller
_____
12:12

Lauren Bloom
Yes, two of our guests will need vegetarian options, if that's possible.
12:12

Tim Keller
Noted. I'll make sure those options are available and send you the reservation details.
12:13

① What time would you like to dine?
② How many people will be joining the dinner?
③ Could you confirm the date and time of your party?
④ Does your group have any specific dietary requirements?

[8~9] 다음 글을 읽고 물음에 답하시오.

Employee Development Initiative

Mission
The Employee Development Initiative is committed to <u>enhancing</u> the skills and knowledge of employees. By offering workshops, mentorship programs, and leadership training, the initiative aims to prepare employees for career growth and organizational success.

Vision
We envision a workplace where employees are empowered to reach their full potential. Through continuous learning and development, we strive to build a highly skilled workforce that drives innovation and success.

Core Values
- Growth: We support continuous learning and personal development.
- Empowerment: We provide tools and resources for employees to succeed.
- Innovation: We encourage creativity and forward-thinking to inspire progress.

8. 윗글에서 Employee Development Initiative에 관한 내용과 일치하는 것은?

① It avoids offering tools for career development.
② It focuses solely on organizational success.
③ It discourages leadership training opportunities.
④ It provides workshops and mentorship programs.

9. 밑줄 친 enhancing의 의미와 가장 가까운 것은?

① requiring
② improving
③ benefiting
④ encouraging

[10~11] 다음 글을 읽고 물음에 답하시오.

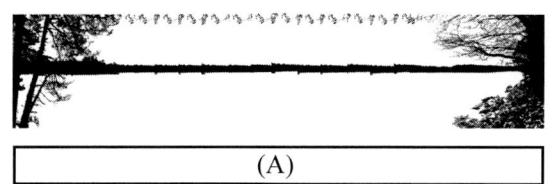

(A)

Pinewood Lake has long been a cherished spot for fishing, picnicking, and family gatherings.

However, pollution and neglect are threatening its beauty and usability. Trash along the shores and water contamination have made it difficult for residents to enjoy the lake as they once did.

The Pinewood Lake Preservation Group is hosting a cleanup day to restore this beautiful natural resource. Volunteers are needed to collect trash, plant trees, and help bring life back to the lake.

Who wants to see their lake overrun with garbage?

Sponsored by: Pinewood Lake Preservation Group

• Location: Pinewood Lake Park
• Date: Saturday, September 23, 2025
• Time: 10:00 a.m.

For any more information about the event, please visit our website www.pinewoodlakecleanup.org or contact our office at (123) 456-7890.

10. (A)에 들어갈 윗글의 제목으로 가장 적절한 것은?

① The History of Pinewood Lake
② Protect Pinewood's Natural Beauty
③ Family Events at Pinewood Lake
④ Protecting Local Forests

11. 위 안내문의 내용과 일치하지 않는 것은?

① 지역 대표들의 보존 노력이 중요하다.
② 호수는 가족 모임 장소로 각광받아 왔다.
③ 쓰레기 청소는 환경 보호 단체가 전적으로 맡는다.
④ 어린이들은 미화 활동에 참여하지 못한다.

12. 다음 글의 목적으로 가장 적절한 것은?

✎	Send	Preview	Save
To	customers@healthclinic.com		
From	info@healthclinic.com		
Date	July 8, 2025		
Subject	Important notice		
📎	My PC	Browse	

Dear Patients,

Your personal health information is valuable, and protecting it is crucial. Unauthorized access to medical records can lead to identity theft. Here are five ways to keep your data secure:

1. Never share your medical records or insurance details with unverified sources.
2. Use strong passwords for your online patient portal.
3. Be cautious of phone calls requesting personal health information.
4. Always log out of your account after using shared devices.
5. Enable two-step verification if available.

For more privacy protection tips, visit our Patient Support Center. Your health and privacy are our top priorities, and we are committed to providing a safe and secure environment for all our patients.

Sincerely,

Health Clinic Support Team

---

① to announce a change in clinic hours
② to educate patients on protecting their information
③ to remind patients about upcoming appointments
④ to introduce a new online booking system

13. 다음 글의 주제로 가장 적절한 것은?

Electric vehicles (EVs) are becoming increasingly popular as governments and consumers seek environmentally friendly alternatives to gasoline-powered cars. Advances in battery technology have improved the efficiency and range of EVs, making them a viable option for long-distance travel. Many countries are investing in charging infrastructure to support the growing number of electric cars on the road. While EVs significantly reduce carbon emissions, challenges such as high production costs and battery recycling remain issues that researchers are working to address for a more sustainable future.

① benefits of public transportation
② global shift towards electric vehicles
③ how gasoline-powered cars are evolving
④ history of automobile manufacturing

14. 다음 글의 내용과 일치하지 않는 것은?

Mountain National Park is open every day of the week, welcoming visitors from sunrise to sunset. Guests may purchase park entry passes through the online system below. Once the purchase is complete, a confirmation message will be emailed. Please have it available in digital or printed format upon arrival.

• **Online tickets**: reservations.mountainnationalpark.com

Mountain National Park and the Alpine Experience Center require separate admission fees, each priced at $10.00 for adults. Visitors may obtain hiking permits, rock climbing passes, and camping reservations at the ranger station.

• **CLOSED**: Independence Day and Thanksgiving

Researchers conducting fieldwork in designated study areas do not need to pay an access fee, but overnight stays require a permit.

For additional inquiries, call 1 (800) 999-7654.

① The park is open daily except for certain holidays.
② Visitors can buy tickets online.
③ General admission includes all guided activities.
④ Alpine Experience Center has a separate entry free.

15. 다음 글의 요지로 가장 적절한 것은?

Ensuring Drug Safety and Quality
The Global Pharmaceutical Safety Board (GPSB) is responsible for regulating the development and distribution of medications. It ensures that all pharmaceutical products meet strict safety standards before reaching the public.

Monitoring Drug Side Effects
GPSB evaluates potential side effects of new medications through clinical trials and laboratory testing. The organization continuously monitors prescription drugs, recalling unsafe products and issuing warnings when necessary.

GPSB also collaborates with international health agencies to share research on drug safety. It provides updated guidelines to pharmaceutical companies, ensuring effective and reliable medical treatments.

① GPSB ensures medication safety with strict rules.
② GPSB develops medications for private companies.
③ GPSB tracks and treats drug side effects.
④ GPSB issues guidelines but does not enforce them.

16. 다음 글의 흐름상 어색한 문장은?

Music plays a vital role in human culture and emotions. ① Different genres of music can evoke various feelings and memories, influencing mood and relaxation. ② Learning to play an instrument can improve cognitive and motor skills, as well as enhance discipline and creativity. ③ Classical music has been studied for its effects on brain activity and its ability to improve focus and concentration. ④ Music streaming services have made it easier for people to access millions of songs instantly, transforming how music is consumed in daily life. Engaging with music in any form can provide emotional comfort and personal fulfillment.

17. 주어진 문장이 들어갈 위치로 가장 적절한 것은?

This positive shift has redefined traditional office structures, inspiring more organizations to embrace hybrid work models.

The modern workplace has evolved significantly in the past decade, influenced by technological advancements and shifting workforce expectations. (①) Digital tools such as video conferencing and cloud computing have made it easier for businesses to operate efficiently across different locations. (②) As a result, many companies have adopted remote work policies, allowing employees greater flexibility and work-life balance. (③) However, remote work also presents challenges, including maintaining team collaboration, ensuring data security, and managing productivity. (④) To address these concerns, businesses are investing in new strategies and technologies that support both in-person and remote work environments.

18. 주어진 글 다음에 이어질 글의 순서로 가장 적절한 것은?

I turned the handle, but the door didn't budge. The lock was stiff, and the house had been abandoned for years.

(A) Taking a deep breath, I inserted the key into the lock and turned it slowly, the soft click breaking the eerie stillness around me.
(B) I hesitated, then reached into my pocket, my fingers brushing against the cold metal of the key I had found earlier.
(C) Pressing my ear against the wood, I listened for any sounds inside, but the silence only made the moment feel heavier.

① (A) - (C) - (B)
② (B) - (C) - (A)
③ (C) - (A) - (B)
④ (C) - (B) - (A)

[19~20] 밑줄 친 부분에 들어갈 말로 가장 적절한 것을 고르시오.

19.

Superstitions have existed across cultures for centuries, influencing human behavior in ways both subtle and profound. While many traditional beliefs, such as avoiding black cats or walking under ladders, have diminished in modern times, superstitions continue to evolve. Studies show that even in highly rational societies, people develop new superstitions in sports, finance, and personal decision-making. For example, athletes often have ritualistic behaviors they believe will enhance performance, while stock traders may rely on patterns with no scientific basis. The persistence of superstitions in the modern era _____, demonstrating how psychological biases shape human behavior even in evidence-based fields.

① shows how irrational beliefs affect decisions
② claims superstitions are no longer relevant
③ removes the need for critical thinking
④ keeps all cultural traditions unchanged

20.

Many people view mistakes as failures to be avoided at all costs, fearing that errors reflect incompetence. However, research in psychology and education suggests that making mistakes is an essential part of the learning process. When people analyze their mistakes, they gain a deeper understanding of concepts and improve their problem-solving skills. In fact, some of the most successful individuals in history credit their achievements to learning from past failures. Instead of avoiding challenges out of fear, those who embrace mistakes as learning opportunities tend to develop resilience and adaptability. The key to intellectual and personal growth is to _____, ensuring that each mistake serves as a stepping stone toward improvement.

① avoid challenges to prevent errors
② recognize mistakes as learning opportunities
③ ignore feedback and repeat mistakes
④ expect immediate perfection without practice

영 어

[1~3] 밑줄 친 부분에 들어갈 말로 가장 적절한 것을 고르시오.

1. The _____ watched the football game eagerly from the stands.

① spectator
② supervisor
③ advocate
④ inspector

2. The sunset over the vast blue ocean was absolutely _____.

① cramped
② spectacular
③ visible
④ stuffy

3. Despite the numerous challenges they faced, the team managed to complete the project on time, which _____ their dedication and hard work throughout the entire process.

① demonstrate
② demonstrates
③ demonstrating
④ demonstrated

[4~5] 밑줄 친 부분 중 어법상 옳지 않은 것을 고르시오.

4. The conference ① was attended by experts from various fields, who shared their insights on recent developments. The presentations ② were structured to ensure maximum ③ clarity and concise, helping the audience ④ grasp complex topics more easily, and sparking lively discussions afterward.

5. The university ① has announced new policies to improve student welfare. Scholarships are ② being offered to low-income students, and a new counseling program ③ will implemented to address mental health concerns. ④ In addition, workshops on stress management and mindfulness will be conducted regularly to support students' well-being.

[6~7] 밑줄 친 부분에 들어갈 말로 가장 적절한 것을 고르시오.

6.
A: I need help finding a good book to read.
B: What genre do you usually enjoy?
A: I like mystery novels.
B: We have a bestseller in the mystery category. Would you like me to show it to you?
A: Yes, please. Do you have it in hardcover?
B: _____
A: Perfect. I'll take a copy.

① Yes, but only in paperback.
② No, I don't read books.
③ Sorry, we don't sell books here.
④ Yes, we have it in both hardcover and paperback.

7.

Anne Murphy
Hi, I'm interested in enrolling in your dance classes.
5:03

Ethan Watson
Thank you for your interest. We offer beginner, intermediate, and advanced classes.
5:03

Anne Murphy
I'm a beginner and would like to attend twice a week.
5:04

Ethan Watson
_____
_____
5:04

Anne Murphy
Morning classes on Mondays and Wednesdays would work best for me.
5:05

Ethan Watson
Great! I'll register you for those classes and send you the schedule.
5:05

① How many times a week would you like to attend?
② What time and days would you prefer for your classes?
③ Are you interested in group classes or private lessons?
④ Could you confirm your current skill level?

[8~9] 다음 글을 읽고 물음에 답하시오.

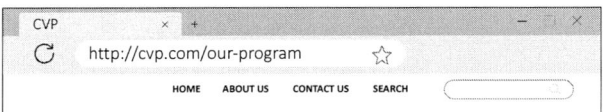

Community Volunteer Program

Mission
The Community Volunteer Program aims to bring individuals together to address local challenges. By organizing volunteer events such as clean-ups, food drives, and educational workshops, the program encourages citizens to take an active role in improving their communities.

Vision
We envision a united community where individuals collaborate to create lasting positive changes. Our focus is on fostering a sense of responsibility, <u>empathy</u>, and engagement among all participants.

Core Values
- Collaboration: We work together to address and solve important community issues.
- Empathy: We encourage understanding and kindness in all interactions.
- Impact: We strive to make meaningful and lasting contributions to society.

8. 윗글에서 Community Volunteer Program에 관한 내용과 일치하는 것은?

① It discourages participation in local activities.
② It organizes clean-ups and food drives.
③ It focuses only on individual achievements.
④ It ignores the importance of collaboration.

9. 밑줄 친 empathy의 의미와 가장 가까운 것은?

① temper
② compassion
③ compromise
④ sacrifice

[10~11] 다음 글을 읽고 물음에 답하시오.

(A)

Do you want to grow your own vegetables or beautify your surroundings? Join our Community Gardening Workshop and learn easy gardening tips to create a greener neighborhood. This workshop is perfect for both beginners and experienced gardeners.

Details
- **Dates**: Saturday, April 15
- **Times**: 10:00 a.m. – 2:00 p.m.
- **Location**: Riverside Park Community Center

Highlights
- **Garden Design**
  Plan and design your own beautiful and functional garden space.
- **Vegetable Growing**
  Learn practical tips and techniques for growing healthy and nutritious crops.
- **Eco-Friendly Practices**
  Discover sustainable gardening methods that benefit the environment.

For the full schedule of workshop, please visit our website at www.greenthumbworkshops.org or call (123) 456-7890.

10. (A)에 들어갈 윗글의 제목으로 가장 적절한 것은?

① Learn to Grow a Greener Community
② Gardening for Professionals
③ How to Save Pollinators
④ Planning a Large-Scale Farm

11. Community Gardening Workshop에 관한 윗글의 내용과 일치하지 않는 것은?

① 작물을 재배하는 기술을 배울 수 있다.
② 초보자와 숙련자 모두 참여할 수 있다.
③ 일요일 오후 2시까지 열린다.
④ 정원을 설계하는 방법에 대해 배울 수 있다.

12. 다음 글의 목적으로 가장 적절한 것은?

To: clients@moneywise.com
From: advisor@moneywise.com
Date: September 5, 2025
Subject: Important notice

Dear Clients,

Managing personal finances wisely is key to achieving financial security and long-term stability. Developing smart financial habits can help you save more, avoid unnecessary debt, and plan for the future. Here are five essential money management tips:

1. Track your spending to identify unnecessary expenses.
2. Create a monthly budget and stick to it.
3. Save a portion of your income regularly.
4. Avoid high-interest debt whenever possible.
5. Plan for future goals, including retirement savings.

For more financial advice, visit our website to access expert insights on budgeting, saving, and investing. Making small changes in your financial habits today can lead to a more secure and stress-free future.

Sincerely,

MoneyWise Team

① to offer investment services to clients
② to provide financial management tips
③ to promote a budgeting tool for users
④ to announce changes in banking policies

13. 다음 글의 주제로 가장 적절한 것은?

Deforestation is a major environmental concern, leading to loss of biodiversity, disruption of ecosystems, and increased carbon dioxide levels in the atmosphere. Large-scale logging and agricultural expansion are the primary causes of deforestation, particularly in rainforests. Scientists warn that continued deforestation could accelerate climate change and threaten the survival of countless species. To combat this issue, governments and conservation groups are promoting reforestation projects and sustainable land management practices, but global cooperation is necessary to prevent further damage.

① how trees contribute to clean air
② history of global reforestation efforts
③ role of agriculture in economic development
④ consequences of deforestation on the environment

14. 다음 글의 내용과 일치하지 않는 것은?

The Oceanographic Research Center is a hub for marine studies, showcasing interactive exhibits on ocean ecosystems. It is open Monday through Saturday, operating from 8:00 a.m. to 7:00 p.m. The center remains closed on Sundays and New Year's Day. Tickets can be purchased in advance using the link below. A confirmation email will be sent after purchase—be sure to present either a digital or printed copy at check-in.

• **Online tickets**: reservations.oceanresearch.com

The Oceanographic Research Center and the Deep-Sea Exploration Hall require separate $18.00 adult admission fees. Tickets for behind-the-scenes aquarium tours and marine life feeding sessions can be obtained at the main entrance.

• **CLOSED**: Sundays and New Year's Day

There is no charge for marine scientists conducting research in the center's aquatic labs, though special approval is required for accessing deep-sea specimen collections.

For additional details, call 1 (866) 777-3456.

① Online ticket confirmation is required at check-in.
② General admission includes the Deep-Sea Exploration Hall.
③ Researchers can use aquatic labs without a fee.
④ The center is closed on Sundays.

15. 다음 글의 요지로 가장 적절한 것은?

Fighting Cybercrime on a Global Scale
The International Cybersecurity Enforcement Bureau (ICEB) is responsible for detecting and preventing cybercrime. It works with law enforcement agencies worldwide to stop hackers, online fraud, and data breaches.

Investigating Digital Crimes
Cybercriminals often target businesses, governments, and individuals. ICEB tracks illegal activities such as identity theft, phishing scams, and ransomware attacks, helping authorities identify and prosecute cybercriminals.

ICEB also raises public awareness about cybersecurity threats. The agency provides guidelines on how to protect personal information and improve online security practices.

① ICEB focuses on raising cybersecurity awareness.
② ICEB protects businesses from hackers and frauds.
③ ICEB investigates and prevents cybercrime.
④ ICEB collaborates with public awareness agencies.

16. 다음 글의 흐름상 어색한 문장은?

Scientific advancements have significantly improved modern medicine. ① New vaccines have helped prevent the spread of deadly diseases, saving millions of lives worldwide. ② Breakthroughs in genetics have paved the way for personalized medicine, allowing treatments to be tailored to individual patients. ③ Public awareness of alternative medicine is increasing, leading to greater interest in herbal remedies and holistic healing methods. ④ Artificial intelligence is being used to diagnose illnesses more accurately and assist in the development of new drugs. Continued investment in medical research leads to better healthcare outcomes and improved quality of life.

17. 주어진 문장이 들어갈 위치로 가장 적절한 것은?

However, challenges such as high costs, safety risks, and environmental concerns remain significant obstacles.

Space tourism is no longer just a concept from science fiction. (①) Recent advancements in technology have allowed private companies to develop commercial space travel, making it possible for civilians to experience space. (②) Companies like SpaceX and Blue Origin have already launched missions to expand access beyond trained astronauts. (③) Experts also warn that space commercialization could lead to issues like space debris and competition over resources. (④) Despite these challenges, continued innovation may one day make space tourism affordable, leading to developments like orbital hotels or lunar travel.

18. 주어진 글 다음에 이어질 글의 순서로 가장 적절한 것은?

The bus stop was nearly empty, the dim streetlight casting long shadows on the pavement. A cool breeze drifted through the air, making me pull my coat tighter around me.

(A) I checked my watch, realizing the last bus was just a few minutes away, but the street remained eerily quiet.
(B) The only sounds were the distant hum of traffic and the occasional rustling of leaves in the wind.
(C) Finally, headlights appeared down the road, and I exhaled in relief, watching as the bus slowly approached.

① (A) - (B) - (C)
② (A) - (C) - (B)
③ (B) - (A) - (C)
④ (C) - (A) - (B)

[19~20] 밑줄 친 부분에 들어갈 말로 가장 적절한 것을 고르시오.

19.
The rise of short-form video platforms like TikTok and Instagram Reels has reshaped the entertainment industry. These platforms provide creators with a space to share content quickly and engage global audiences. Their growing popularity, especially among younger users, has shifted viewing habits toward fast-paced, easily digestible videos. However, the dominance of short-form content _____, including the risk of shorter attention spans, content oversaturation, and challenges for long-form content creators. This shift has sparked debates about its long-term effects on audience engagement and content diversity.

① enhances the quality of long-form content creation
② reduces screen time for most users
③ raises concerns about digital consumption habits
④ guarantees success for all digital creators

20.
Many people believe that happiness is a result of external achievements, such as wealth, status, or material possessions. However, psychological research suggests that happiness is more closely tied to internal factors, such as gratitude, personal relationships, and a sense of purpose. People who chase material success often find themselves feeling empty despite their accomplishments. In contrast, those who cultivate meaningful connections and appreciate the present moment tend to experience greater well-being. While external achievements may provide temporary satisfaction, long-term happiness comes from _____, which allows individuals to build a fulfilling and balanced life.

① chasing wealth and status above all
② depending only on external factors for happiness
③ building gratitude and meaningful connections
④ neglecting emotional health and growth

영 어

[1~3] 밑줄 친 부분에 들어갈 말로 가장 적절한 것을 고르시오.

1. His actions were so _____ that everyone noticed him immediately.

① obscure
② vocal
③ conspicuous
④ superficial

2. The professor told the students to _____ their projects by next week.

① permit
② submit
③ subscribe
④ prescribe

3. Given the extensive research that has been conducted over the years, scientists are confident that the new vaccine _____ a significant impact on public health.

① have
② has
③ having
④ will have

[4~5] 밑줄 친 부분 중 어법상 옳지 않은 것을 고르시오.

4. Her decision ① to postpone the meeting upset some of her colleagues. She admitted to ② underestimating the impact of the delay, but believed ③ it to have been necessary and suggested ④ to reschedule for the following week.

5. It is essential that any system ① implemented to regulate environmental policies should not only set rules ② but also enforce them. In fact, I regard this ③ as the primary method by which society can effectively address climate change, ④ that requires both cooperation and innovation.

[6~7] 밑줄 친 부분에 들어갈 말로 가장 적절한 것을 고르시오.

6.
Taylor Lee: Are you attending the team meeting tomorrow? 2:03
Justin McArthur: I'm not sure. I have a dentist appointment in the morning. 2:03
Taylor Lee: You should come! The meeting will cover our plans for the next quarter. 2:04
Justin McArthur: That sounds really important. I'll try to adjust my schedule. 2:04
Taylor Lee: Great! But don't forget to let HR know if you'll be joining. 2:05
Justin McArthur: How do I do that? 2:05
Taylor Lee: _____ 2:05

① You need to check your email for the meeting link.
② You should inform HR through the company portal.
③ I already spoke to HR about it.
④ Send the agenda before the meeting.

7.
A: I'm thinking about getting a new laptop for work.
B: That's a good idea. Do you have a brand in mind?
A: Not really. I just need something lightweight and powerful.
B: I'd recommend checking out the latest models from Dell or Apple.
A: Are they expensive?
B: It depends on the model, but some are quite affordable.
A: Do you know if they have any promotions right now?
B: _____.
A: That's great! I'll take a look this weekend.

① You need to order them directly from the factory.
② Yes, they're offering discounts on select models.
③ They don't sell laptops anymore.
④ No, you have to pay full price for everything.

[8~9] 다음 글을 읽고 물음에 답하시오.

To: Community Cleanliness Committee
From: Jessica Harlow
Date: March 12
Subject: Improving Waste Management

Dear Community Cleanliness Committee,

I hope this email finds you well. I am writing to express my concern regarding the irregular garbage collection schedules in our neighborhood. Recently, the delays in garbage collection have caused unpleasant odors and unsanitary conditions, affecting the residents' quality of life.

As a member of this community, I kindly request that you <u>establish</u> a more consistent garbage collection schedule to ensure that our neighborhood remains clean and livable. Regular garbage removal will not only improve hygiene but also prevent potential health hazards.

Thank you for your attention to this matter, and I look forward to your response.

Sincerely,
Jessica Harlow

8. 윗글의 목적으로 가장 적절한 것은?

① 동네의 불법 쓰레기 투기에 대해 보고하려고
② 더 정기적인 쓰레기 수거 일정을 요청하려고
③ 이웃의 쓰레기 처리 습관에 대해 불만을 제기하려고
④ 도시의 쓰레기 관리 정책에 대해 논의하려고

9. 밑줄 친 "establish"의 의미와 가장 가까운 것은?

① set up
② put up
③ set off
④ turn off

[10~11] 다음 글을 읽고 물음에 답하시오.

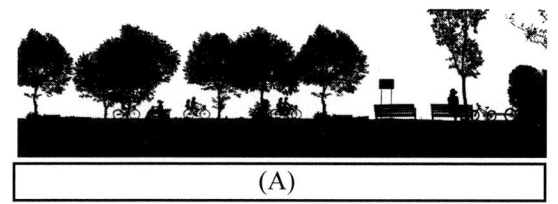
(A)

Maplewood Park has been a treasured community space for decades.

However, a recent proposal to replace a large section of the park with a shopping mall has raised concerns among residents.

The Maplewood Community Action Group is organizing a meeting to discuss how to protect the park. Community input is crucial to preserving the green spaces that enhance the quality of life in the neighborhood.

Who wants to trade trees for concrete?

Sponsored by: Maplewood Community Action Group

• Location: Maplewood Town Hall, Room 301
• Date: Thursday, October 12, 2025
• Time: 6:00 p.m.

Visit www.savemaplewoodpark.org or call (789) 123-4567 for more details.

10. (A)에 들어갈 윗글의 제목으로 가장 적절한 것은?

① Maplewood Community Concerns
② Build a Shopping Mall in Maplewood
③ Green Spaces in the City
④ A Call to Protect Maplewood Park

11. 위 안내문의 내용과 일치하지 않는 것은?

① 공원은 오래된 지역 커뮤니티 공간이다.
② 공원을 보호하기 위해 주민들의 의견이 필요하다.
③ 회의는 2025년 10월 12일에 열린다.
④ 쇼핑몰 건설 제안은 이미 승인되었다.

12. GreenRide 앱에 관한 다음 글의 내용과 일치하지 않는 것은?

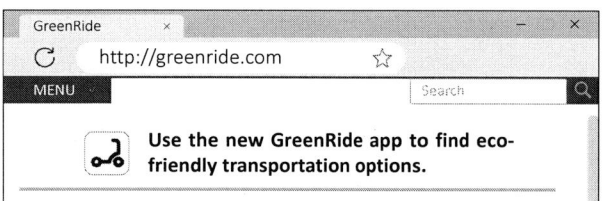

The GreenRide app is designed to promote environmentally friendly transportation. With GreenRide, users can find the nearest bike-sharing stations and e-scooter rentals in their city. One unique feature of GreenRide is the "Green Credits" system, which rewards users for choosing sustainable transport. The app is available for both iOS and Android and is free to download. In the future, GreenRide plans to integrate public transit information to offer a complete eco-friendly travel guide. The app aims to encourage people to switch to greener transport options.

① It helps users find bike-sharing stations.
② Users can earn rewards for using sustainable transport.
③ It can be used on both iOS and Android.
④ It requires a monthly subscription fee.

13. National Cybersecurity Agency에 관한 다음 글의 내용과 일치하는 것은?

National Cybersecurity Agency (NCA)

The National Cybersecurity Agency (NCA) is responsible for protecting government and private sector networks from cyber threats. It monitors cyberattacks, investigates data breaches, and develops national cybersecurity policies. NCA also provides resources and training for businesses and individuals to improve their digital security. Recently, the agency launched a nationwide initiative to educate schools on cybersecurity risks and safe online practices. In response to rising global cyber threats, NCA has also strengthened its collaboration with international cybersecurity organizations to prevent cross-border cybercrimes.

① It ignores cyber threats that affect private businesses.
② It provides cybersecurity training only for individuals.
③ It collaborates with international organizations.
④ It mandates shutdowns in case of a cyberattack.

14. 다음 글의 주제로 가장 적절한 것은?

The Fire and Emergency Services Department has reported a rise in residential fires due to improper use of electrical appliances and unattended cooking. Many incidents have been linked to overloaded power outlets, faulty wiring, and forgetting to turn off stoves. To prevent such hazards, the department advises residents to install smoke detectors, regularly check electrical wiring, and never leave cooking unattended. Additionally, keeping a fire extinguisher at home and having an emergency escape plan can significantly reduce fire-related injuries and fatalities. Experts also recommend educating all household members, including children, on basic fire safety measures and how to respond in an emergency situation.

① Importance of having a fire extinguisher at home
② Common causes of house fires and prevention methods
③ Benefits of using smoke detectors in buildings
④ Firefighting techniques used by emergency services

15. 다음 글의 요지로 가장 적절한 것은?

Scientists and environmental organizations have expressed growing concerns over the rapid decline in biodiversity due to deforestation, pollution, and climate change. Many species are struggling to survive as their natural habitats are destroyed. The loss of biodiversity affects ecosystems and threatens food security by disrupting pollination and natural pest control. To address this issue, conservation efforts must focus on habitat restoration, stricter environmental regulations, and the expansion of protected areas. Additionally, public awareness campaigns can help educate communities on sustainable practices that support biodiversity preservation.

① Protecting biodiversity has economic benefits.
② Pollination is important for food production.
③ Pollution harms agricultural productivity.
④ We need solutions to stop biodiversity loss.

16. 다음 글의 흐름상 어색한 문장은?

Sleep is essential for maintaining overall health and well-being. ① A consistent sleep schedule helps regulate the body's internal clock, leading to better energy levels and focus. ② Some people rely on naps during the day to compensate for insufficient sleep at night, though excessive napping can disrupt the natural sleep cycle. ③ Deep sleep is crucial for memory consolidation and cognitive function, improving learning and problem-solving skills. ④ Good sleep hygiene, such as avoiding screens before bed, can improve sleep quality and reduce the risk of sleep disorders. Developing healthy sleep habits leads to better mental and physical health.

17. 주어진 문장이 들어갈 위치로 가장 적절한 것은?

Psychologists suggest that procrastination is not just about poor time management but also involves emotional regulation and fear of failure.

Procrastination is a common behavior that affects productivity and time management. (①) People often postpone important tasks despite knowing the negative consequences of doing so. (②) This tendency to avoid difficult or stressful tasks can create a cycle of guilt and anxiety, making it even harder to start working. (③) For instance, many people delay tasks because they feel overwhelmed by the amount of work required. (④) By developing better habits and breaking tasks into smaller steps, individuals can reduce procrastination and improve their efficiency.

18. 주어진 글 다음에 이어질 글의 순서로 가장 적절한 것은?

The tree still stood in the middle of the yard, its branches stretching high into the sky. It was taller than I remembered, but then again, so was I.

(A) I ran my fingers over the rough bark, remembering the times I had climbed up and sat among its leaves, dreaming of all the things I wanted to be.
(B) The swing my father had tied to one of the branches was gone, but I could still see the faint marks where the rope had once been.
(C) Standing there now, I realized that though time had passed, some things—like this tree and the memories tied to it—would always remain.

① (A) - (C) - (B)
② (B) - (A) - (C)
③ (B) - (C) - (A)
④ (C) - (B) - (A)

[19~20] 밑줄 친 부분에 들어갈 말로 가장 적절한 것을 고르시오.

19.

Drones are being used in various industries, from agriculture and construction to emergency response and delivery services. Their ability to reach inaccessible areas quickly has made them valuable tools in disaster relief and environmental monitoring. However, concerns about privacy and _____ have led to calls for stricter regulations on drone usage. Governments are working on policies to ensure that drones are used responsibly without compromising security.

① potential misuse for surveillance and spying
② reducing the efficiency of emergency services
③ eliminating the need for satellite imagery
④ improving personal safety

20.

First impressions are formed within seconds of meeting someone, and they often have a lasting impact on how a person is perceived. Psychological research suggests that factors such as appearance, tone of voice, and body language all contribute to these initial judgments. While first impressions are sometimes inaccurate, they can influence decisions in both professional and social contexts. Because people tend to rely on subconscious biases when forming judgments, it is important to _____, ensuring that first impressions align with authenticity and confidence.

① rely entirely on instinctive reactions
② focus only on verbal communication
③ avoid social interactions to prevent judgment
④ present oneself with confidence and awareness

영 어

[1~3] 밑줄 친 부분에 들어갈 말로 가장 적절한 것을 고르시오.

1. The scientist's findings were so _____ that they challenged existing theories.

   ① controversial
   ② evident
   ③ traditional
   ④ predictable

2. The decision to cut funding was _____ and many projects were immediately affected.

   ① optional
   ② gradual
   ③ delayed
   ④ abrupt

3. The widespread use of plastic, combined with inadequate waste management, appears to _____ the contamination of oceans worldwide.

   ① lead to
   ② be led to
   ③ have led to
   ④ have been led to

[4~5] 밑줄 친 부분 중 어법상 옳지 않은 것을 고르시오.

4. He ① quickly adapted to the new environment, ensuring that his work ② was efficiently done. However, he realized that he could perform better if he had ③ communicated clearer, which led to ④ further improvements.

5. The weather has been unpredictable ① lately, with sudden rain showers. The forecast ② says it will rain tomorrow, but many people ③ is planning outdoor activities. Despite the warning, some are determined to ④ go ahead with their plans, prepared with raincoats and umbrellas.

[6~7] 밑줄 친 부분에 들어갈 말로 가장 적절한 것을 고르시오.

6.
   Jennifer Hewitt: Are you coming to the book club meeting this weekend? 9:32
   Phil Damon: I'm not sure yet. I might have some family plans. 9:32
   Jennifer Hewitt: You should join! We're discussing a really fascinating novel. 9:33
   Phil Damon: That sounds fun. What book are you discussing? 9:34
   Jennifer Hewitt: It's "The Great Gatsby." Make sure to read it beforehand. 9:34
   Phil Damon: Where do I find a copy? 9:35
   Jennifer Hewitt: _____ 9:35

   ① Follow the instructions on the bulletin board.
   ② I haven't reserved a copy for you yet.
   ③ You should bring your own chair to the meeting.
   ④ You can borrow a copy from the library.

7.
   A: Have you ever been to the new art gallery downtown?
   B: No, I haven't. Is it worth visiting?
   A: Absolutely! They have a special exhibit on modern art right now.
   B: That sounds interesting. Do I need to buy tickets in advance?
   A: Not necessarily. You can buy them at the entrance too.
   B: How much are the tickets?
   A: They're $10 for adults and $5 for students.
   B: _____.
   A: Great! Let me know what you think after you visit.

   ① I'll visit only if it's free.
   ② I'm not particularly interested in art, so I won't go.
   ③ That's too expensive. I'll have to pass this time.
   ④ That's reasonable. I'll check it out this weekend.

[8~9] 다음 글을 읽고 물음에 답하시오.

To: City Parks Department
From: David Coleman
Date: April 25
Subject: Maintenance in the Local Park

Dear City Parks Department,

I am writing to bring to your attention the need for maintenance in our local park, Riverside Park. Recently, I have noticed that several areas of the park, including the children's playground and the walking trails, are in poor condition. Broken equipment and overgrown pathways make it difficult for residents to enjoy the park safely.

As a <u>frequent</u> visitor to the park, I kindly request that your department schedule regular maintenance to address these issues. Ensuring that the park is clean and safe will greatly benefit the community and encourage more residents to use the facilities.

Thank you for your attention to this matter. I look forward to hearing about any planned improvements.

Sincerely,
David Coleman

8. 윗글의 목적으로 가장 적절한 것은?

① 도시에 새로운 공원을 만드는 제안을 하려고
② 공원의 다른 방문객들에 대해 불평하려고
③ 깨진 장비와 길에 대한 안전 문제를 보고하려고
④ 도시의 쓰레기 관리 정책에 대해 논의하려고

9. 밑줄 친 "frequent"의 의미와 가장 가까운 것은?

① capable
② efficient
③ specific
④ regular

[10~11] 다음 글을 읽고 물음에 답하시오.

(A)

Are you ready to take control of your finances? Join our Financial Literacy Seminar to learn about budgeting, saving, and managing debt effectively. Who wants to live with financial stress? This seminar will provide practical tips from financial experts to help you achieve your goals.

Details
• **Dates**: Thursday, July 6
• **Times**: 6:00 p.m. – 8:00 p.m.
• **Location**: Downtown Conference Hall

Highlights
• **Budgeting Basics**
  Learn practical techniques to effectively manage your income and expenses.
• **Smart Investments**
  Gain an understanding of how to grow your wealth by making strategic investment decisions.
• **Debt Management**
  Discover useful strategies to pay off existing debt and prevent future financial challenges.

For the full schedule of seminar, please visit our website at www.financialsuccess.org or call (888) 765-4321.(123) 456-7890.

10. (A)에 들어갈 윗글의 제목으로 가장 적절한 것은?

① Financial Stress Solutions
② Take Charge of Your Finances
③ Smart Ways to Invest
④ Managing Debt Wisely

11. Financial Literacy Seminar에 관한 윗글의 내용과 일치하지 않는 것은?

① 자산을 키우는 방법에 대해 배울 수 있다.
② 7월 6일 오전에 열린다.
③ 부채를 관리하는 방법에 대해 배울 수 있다.
④ 재정 전문가들에 의해 진행된다.

12. LanguagePro 앱에 관한 다음 글의 내용과 일치하지 않는 것은?

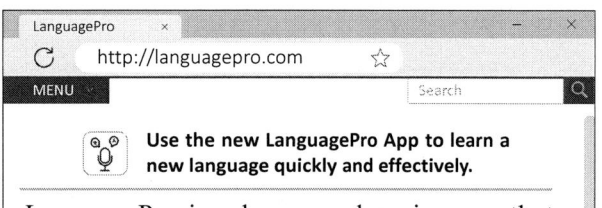

LanguagePro is a language-learning app that offers interactive lessons for beginners and advanced learners. Users can practice speaking with AI-powered voice recognition and engage in real conversations with native speakers. A new update has introduced a feature that allows users to translate real-world text using their phone's camera. The app can be used offline after downloading lessons. LanguagePro provides cultural insights to help users better understand the languages they are learning.

① It offers lessons for both beginners and advanced learners.
② It only works when connected to the internet.
③ It allows users to translate text using a camera.
④ It helps users practice speaking.

13. Federal Energy Management Agency에 관한 다음 글의 내용과 일치하는 것은?

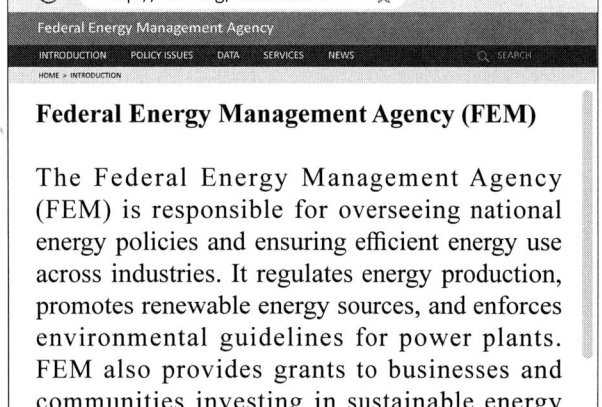

Federal Energy Management Agency (FEM)

The Federal Energy Management Agency (FEM) is responsible for overseeing national energy policies and ensuring efficient energy use across industries. It regulates energy production, promotes renewable energy sources, and enforces environmental guidelines for power plants. FEM also provides grants to businesses and communities investing in sustainable energy solutions. Recently, the agency launched a clean energy initiative to encourage solar and wind energy adoption in rural areas. In addition, FEM has partnered with leading energy research institutions to develop innovative battery storage solutions for renewable energy.

① It only supports fossil fuel energy production.
② It promotes renewable energy sources such as solar.
③ It does not regulate energy production.
④ It supports power plant projects in rural areas.

14. 다음 글의 주제로 가장 적절한 것은?

The Environmental Protection Agency has raised concerns over the rising levels of air pollution in urban areas, which have been linked to respiratory diseases and cardiovascular conditions. Pollutants such as fine particulate matter (PM2.5), nitrogen dioxide, and carbon monoxide contribute to lung infections, asthma, and an increased risk of heart disease. To mitigate these effects, authorities recommend stricter emissions regulations for vehicles and industrial facilities. Additionally, planting more trees and encouraging the use of public transportation can help reduce air pollution levels. Recent studies also suggest that long-term exposure to polluted air can lead to cognitive decline and other neurological disorders.

① Health risks related to air pollution and possible solutions
② Relationship between air pollution and climate change
③ Benefits of public transportation for city residents
④ Impact of industrial production on economic growth

15. 다음 글의 요지로 가장 적절한 것은?

Artificial Intelligence (AI) is playing an increasingly important role in the healthcare industry, improving diagnostics, treatment, and patient care. AI-powered algorithms can analyze medical images, detect diseases earlier, and assist doctors in making accurate diagnoses. Machine learning technology also enables personalized treatment plans based on a patient's medical history and genetic profile. Hospitals are using AI chatbots to provide basic medical advice and schedule appointments efficiently. Additionally, AI is being integrated into robotic surgery, allowing for precise and minimally invasive procedures that enhance recovery times.

① Hospitals struggle to use AI in medical care.
② AI improves healthcare by helping doctors and patients.
③ AI is changing the economy of medical industries.
④ AI raises ethical concerns in medical treatments.

16. 다음 글의 흐름상 어색한 문장은?

Time management is a key skill for achieving success in both personal and professional life. ① Prioritizing tasks and setting realistic goals can help improve productivity and reduce stress. ② Using planners or digital calendars allows individuals to stay organized and manage their responsibilities effectively. ③ The concept of time perception varies, as some people feel that time moves faster as they age due to routine and familiarity. ④ Eliminating distractions, such as unnecessary phone use, can help maintain focus and complete tasks more efficiently. Developing good time management habits can lead to better work-life balance and personal satisfaction.

17. 주어진 문장이 들어갈 위치로 가장 적절한 것은?

This movement is challenging traditional urban design principles and encouraging cities to rethink public spaces.

The concept of "15-minute cities" is gaining popularity as a sustainable urban planning model. (①) The idea is that residents should be able to access work, education, healthcare, and leisure within a 15-minute walk or bike ride from their homes. (②) Proponents argue that this model reduces traffic congestion, lowers carbon emissions, and enhances quality of life. (③) Cities like Paris and Melbourne are already implementing policies to promote 15-minute neighborhoods. (④) The push for more walkable, connected cities is reshaping how urban spaces are designed and experienced.

18. 주어진 글 다음에 이어질 글의 순서로 가장 적절한 것은?

I adjusted my tie and took a deep breath before stepping into the office. My hands were steady, but my mind raced with thoughts of how the day would unfold.

(A) The room was buzzing with quiet conversations, and I could feel a mix of excitement and nerves in the air, as if I weren't the only one feeling this way.
(B) The receptionist greeted me with a warm smile, directing me toward the conference room where my new colleagues were gathered.
(C) As I took my seat, I reminded myself that every first day is just the beginning of something bigger, and all I had to do was take it one step at a time.

① (A) - (B) - (C)
② (A) - (C) - (B)
③ (B) - (A) - (C)
④ (B) - (C) - (A)

[19~20] 밑줄 친 부분에 들어갈 말로 가장 적절한 것을 고르시오.

19.
Among the five senses, the sense of smell is uniquely powerful in triggering memories and emotions. Unlike visual or auditory stimuli, smells are processed directly in the brain's limbic system, which is closely linked to memory and emotional response. This explains why certain scents can instantly bring back vivid recollections of past experiences or evoke strong emotional reactions. Researchers have found that smell-based memory recall is more detailed and long-lasting than other forms of memory retrieval. The deep connection between scent and emotion _____, leading scientists to explore its applications in therapy, marketing, and memory-related treatments.

① downplays the role of smell
② lessens the need for brain research
③ removes emotions from past experiences
④ boosts memory and emotional well-being

20.
Lifelong learning is essential for personal growth, adaptability, and career success in a rapidly changing world. Individuals who continuously seek new knowledge and skills tend to remain more engaged, innovative, and resilient in the face of challenges. Whether through formal education, self-directed study, or hands-on experience, continuous learning fosters intellectual curiosity and professional advancement. In contrast, those who stop learning may find themselves struggling to keep up with evolving industries and new technologies. To thrive in an ever-changing environment, it is crucial to _____, ensuring that learning remains an ongoing and fulfilling pursuit.

① continue developing skills and knowledge
② avoid challenges to stay comfortable
③ stop learning after formal education
④ depend only on past experience

영 어

[1~3] 밑줄 친 부분에 들어갈 말로 가장 적절한 것을 고르시오.

1. His speech was _____ and inspired the entire audience.

   ① monotonous
   ② boring
   ③ compelling
   ④ mundane

2. The new policy aims to _____ equality across all sectors.

   ① ensure
   ② diminish
   ③ exploit
   ④ obscure

3. The scientist conducted an experiment _____ the effects of temperature on chemical reactions, providing valuable data for future research.

   ① in
   ② on
   ③ at
   ④ about

[4~5] 밑줄 친 부분 중 어법상 옳지 않은 것을 고르시오.

4. It is ① widely believed that regular exercise improves physical health. However, recent studies ② have shown that it also ③ contributes to mental well-being. Researchers emphasize the importance of incorporating physical activities into daily routines, which ④ can be prevented serious health issues in the long term.

5. The students were asked to write essays on the ① assigned topic. Some of them didn't complete the task, and the teacher is requiring them to submit ② it by tomorrow. ③ To encourage timely submission, the teacher also ④ promised to provide detailed feedback on their work.

[6~7] 밑줄 친 부분에 들어갈 말로 가장 적절한 것을 고르시오.

6.
Harper Adams: Are you participating in the office volunteer event next month? 1:49

Matthew Blake: I'm not sure yet. What's the event about? 1:50

Harper Adams: It's a community cleanup project at the local park. 1:50

Matthew Blake: That sounds meaningful. What do I need to bring? 1:51

Harper Adams: Just comfortable clothes and a good attitude! Don't forget to register. 1:51

Matthew Blake: How do I register? 1:52

Harper Adams: _____ 1:51

① Make sure to read the event guidelines before arriving.
② You should fill out the form on the company website.
③ Bring your own cleaning tools to the event.
④ Check the event details on the bulletin board.

7.
A: I'm thinking about starting a new fitness routine.
B: That's a great idea. What kind of exercises are you planning to do?
A: I want to focus on cardio and some light strength training.
B: Sounds good. Do you have a gym membership?
A: _____.
B: That's perfect! You can start using their equipment right away.
A: Thanks. Do you know if they offer group classes?
B: Yes, they do, and the first class is free for new members!

① No, I think gyms are too expensive.
② Yes, but I only use it for swimming.
③ I don't like working out in gyms.
④ Yes, I just joined a gym near my house.

[8~9] 다음 글을 읽고 물음에 답하시오.

To: School Administration Office
From: Emily Richards
Date: May 15
Subject: After-School Programs

Dear School Administration,

I hope this message finds you well. I am writing to suggest the addition of more after-school programs for students. While the current options are helpful, many parents, including myself, feel that offering a wider variety of activities such as music lessons, sports, and art classes would greatly benefit our children.

These programs can provide students with opportunities to explore their interests and develop new skills. They can also help working parents by providing a safe and engaging environment for their children after school hours.

Thank you for considering this suggestion, and I look forward to your response regarding any potential plans to expand after-school programs.

Sincerely,
Emily Richards

8. 윗글의 목적으로 가장 적절한 것은?

① 학교의 일일 일정을 변경해달라고 요청하려고
② 학생들을 위한 방과 후 활동 추가를 제안하려고
③ 방과 후 활동의 안전 문제를 보고하려고
④ 현재 프로그램 비용에 대해 불평하려고

9. 밑줄 친 "benefit"의 의미와 가장 가까운 것은?

① aid
② estimate
③ assess
④ attribute

[10~11] 다음 글을 읽고 물음에 답하시오.

(A)

Every year, thousands of tons of plastic waste pollute our environment.

Beaches, rivers, and forests are increasingly choked with trash, damaging ecosystems and harming wildlife. Recycling is not just a responsibility; it's an urgent necessity for everyone who cares about the planet.

By reducing waste, we can conserve resources, save energy, and protect nature for future generations. Who wants to live in a world drowning in plastic?

Many communities are hosting events to educate residents about proper recycling methods and the benefits of reducing waste. This is your opportunity to learn simple steps that can make a big difference. Join us and take action today!

Sponsored by Green Living Initiative

• Location: Community Hall, Maple Street
• Date: Saturday, March 2, 2025
• Time: 11:00 a.m.

For more information, visit our website at www.greenliving.org/recycle or contact us at (123) 456-7890.

10. (A)에 들어갈 윗글의 제목으로 가장 적절한 것은?

① The Problem with Recycling
② Why Plastic Waste is Necessary
③ How Recycling Can Save the Planet
④ Recycling: A Problem with No Solution

11. 위 안내문의 내용과 일치하지 않는 것은?

① 플라스틱 쓰레기가 환경을 오염시키고 있다.
② 행사는 3월 2일 오전 11시에 열린다.
③ 재활용의 중요성을 알리는 행사가 열릴 예정이다.
④ 행사 장소는 지역 공원이다.

12. TravelEase 앱에 관한 다음 글의 내용과 일치하지 않는 것은?

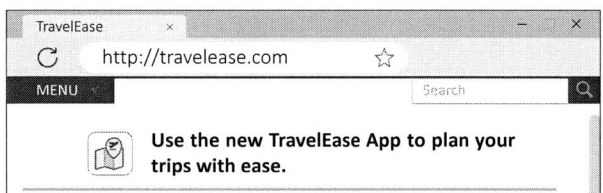

TravelEase is a mobile application that helps travelers organize their trips. It offers flight and hotel booking services, real-time weather updates, and personalized travel itineraries. The app now features an offline mode, allowing users to access their itinerary without an internet connection. TravelEase also has a currency converter to help travelers manage their expenses. Recently, a travel safety guide was added to provide users with updated security information about their destination.

① Users can view their itinerary offline.
② It helps users book flights and hotels.
③ It provides real-time weather updates.
④ It doesn't include a currency converter.

13. Disaster Response Agency에 관한 다음 글의 내용과 일치하는 것은?

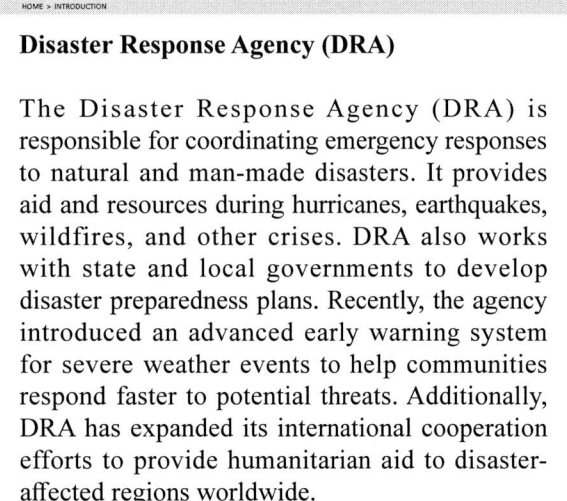

Disaster Response Agency (DRA)

The Disaster Response Agency (DRA) is responsible for coordinating emergency responses to natural and man-made disasters. It provides aid and resources during hurricanes, earthquakes, wildfires, and other crises. DRA also works with state and local governments to develop disaster preparedness plans. Recently, the agency introduced an advanced early warning system for severe weather events to help communities respond faster to potential threats. Additionally, DRA has expanded its international cooperation efforts to provide humanitarian aid to disaster-affected regions worldwide.

① It does not monitor severe weather conditions.
② It only responds to man-made disasters.
③ It assists in disaster preparedness planning.
④ It provides temporary aid to countries at war.

14. 다음 글의 주제로 가장 적절한 것은?

Water scarcity is becoming an increasingly critical issue, especially in drought-prone regions where access to fresh water is limited. Governments and environmental organizations advocate for water conservation strategies such as rainwater harvesting, efficient irrigation techniques, and reduced water waste in households. Encouraging industries to adopt water recycling methods can also help manage water consumption on a larger scale. Many cities have implemented public awareness campaigns to educate citizens on reducing unnecessary water usage. Additionally, researchers are exploring innovative technologies such as desalination and atmospheric water harvesting to provide sustainable water solutions for the future.

① Causes of water shortages in urban areas
② Strategies to conserve water in drought-prone regions
③ Impact of agricultural irrigation on the water supply
④ Role of water in industrial production

15. 다음 글의 요지로 가장 적절한 것은?

Social media has transformed how people communicate and share information, but it also has significant effects on mental health. Studies have shown that excessive social media use can lead to increased stress, anxiety, and depression, particularly among teenagers. The pressure to maintain a perfect online image can contribute to low self-esteem and feelings of inadequacy. However, social media also has positive effects, such as providing mental health support communities and raising awareness about psychological well-being. Experts suggest that users should balance their online and offline lives to minimize negative effects while benefiting from social media's advantages.

① Social media affects mental health in various ways.
② Social media helps people communicate worldwide.
③ Online marketing is important for businesses.
④ Social media platforms have changed over time.

16. 다음 글의 흐름상 어색한 문장은?

Public speaking is an important skill that can boost confidence and improve communication. ① Public speaking skills are especially useful in professional settings, where teamwork and leadership are key. ② Effective speakers prepare thoroughly by researching their topic and organizing their ideas logically. ③ Practicing in front of a mirror or recording oneself can help identify areas for improvement. ④ Some individuals find that writing down their thoughts before speaking helps them avoid nervousness. Engaging the audience through storytelling or humor can make a speech more memorable and impactful.

17. 주어진 문장이 들어갈 위치로 가장 적절한 것은?

Many people rely on keyboards and touchscreens for communication, making traditional writing skills seem less necessary.

In an era dominated by digital devices, handwriting is often overlooked. (①) However, research suggests that handwriting plays a crucial role in cognitive development and memory retention, particularly in educational settings. (②) For example, studies have shown that students who take handwritten notes retain information better than those who type them, as the physical act of writing engages different cognitive processes. (③) Despite the convenience of typing, incorporating handwriting into daily routines can enhance learning and creativity. (④) As a result, educators continue to emphasize the importance of writing by hand, even in a technology-driven world.

18. 주어진 글 다음에 이어질 글의 순서로 가장 적절한 것은?

The library was quiet, filled only with the soft rustling of pages and the occasional whisper. I ran my fingers along the spines of the books, searching for something that called to me.

(A) As I lost myself in the words, the outside world faded away, replaced by the vivid images of a story unfolding before me.
(B) I flipped through the first few pages, the faint scent of paper and ink filling the air as I settled into a cozy chair.
(C) Sunlight filtered through the tall windows, casting golden patches on the wooden floor as I finally pulled a book from the shelf.

① (A) - (B) - (C)
② (B) - (A) - (C)
③ (C) - (A) - (B)
④ (C) - (B) - (A)

[19~20] 밑줄 친 부분에 들어갈 말로 가장 적절한 것을 고르시오.

19.
Smart home technology has revolutionized the way people interact with their living spaces. With voice-controlled assistants, automated lighting, and security systems, homeowners can manage their homes with greater convenience and efficiency. These innovations also contribute to energy conservation by optimizing power usage. However, as more devices become interconnected, concerns about _____ have increased, prompting discussions about data security and user privacy.

① improving internet connectivity in rural areas
② potential hacking and unauthorized access
③ decreasing reliance on renewable energy
④ eliminating the need for traditional security systems

20.
Practicing gratitude has been shown to have significant positive effects on mental health and overall well-being. Research suggests that individuals who regularly express gratitude experience lower levels of stress, anxiety, and depression. By focusing on what they have rather than what they lack, people develop a more positive outlook on life. Keeping a gratitude journal, expressing appreciation to others, and acknowledging small moments of joy are effective ways to cultivate gratitude. To enhance emotional well-being, individuals should _____, reinforcing a habit of appreciation in daily life.

① compare themselves to others
② focus only on what they have
③ practice gratitude consistently
④ ignore negative experiences

영 어

[1~3] 밑줄 친 부분에 들어갈 말로 가장 적절한 것을 고르시오.

1. The report was _____ to include the latest statistics.

① devised
② revised
③ discarded
④ completed

2. We must learn how to remain _____ even during challenging times.

① indifferent
② frustrated
③ composed
④ reckless

3. The final report, which _____ after several rounds of rigorous review and feedback, highlights the key findings of the two-year-long study conducted by the research team.

① was completed
② is completing
③ completes
④ completing

[4~5] 밑줄 친 부분 중 어법상 옳지 않은 것을 고르시오.

4. The event ① was well-organized and attended by hundreds of participants. The keynote speaker ② delivered an inspiring talk about innovation, ③ highlighting the importance of creativity in problem-solving, and participants ④ exchanging ideas during the breakout sessions.

5. The new policy ① is designed to reduce carbon emissions, and it requires ② companies report their environmental data. Some businesses ③ have expressed concerns about the costs involved, but ④ most agree that it is necessary for sustainable growth.

[6~7] 밑줄 친 부분에 들어갈 말로 가장 적절한 것을 고르시오.

6.
Nancy Davis: Are you attending the training session on Monday? 8:56

Kevin Walker: I'm not sure. I need to finish a report by that day. 8:56

Nancy Davis: You should come! It's about improving team collaboration. 8:56

Kevin Walker: That sounds really helpful. Do I need to bring anything? 8:57

Nancy Davis: Just a notebook and a pen. Also, don't forget to RSVP. 8:57

Kevin Walker: How do I RSVP? 8:58

Nancy Davis: _____ 8:58

① Bring your own laptop to the session.
② The training is already full.
③ Send an email to the training coordinator.
④ Follow the instructions on the invitation.

7.
A: I'm planning to volunteer at a local animal shelter.
B: That's such a kind thing to do. What will you be doing there?
A: I'll be helping with cleaning and feeding the animals.
B: That's great. How often do you plan to go?
A: I'll go twice a week, on Mondays and Thursdays.
B: _____.
A: Thanks! I'm really looking forward to it.

① That's too much work. I couldn't do it.
② That's wonderful. The animals will appreciate it.
③ You should go every day instead.
④ I think you'll get bored after a week.

[8~9] 다음 글을 읽고 물음에 답하시오.

	Send Preview Save
To	Local Library Administration
From	Sarah Thompson
Date	September 18
Subject	Library Accessibility Request

Dear Local Library Administration,

I hope this message finds you well. I am writing to kindly request the <u>extension</u> of the library's operating hours. Many of us in the community, especially students and working professionals, find it difficult to visit the library during its current limited schedule.

An extension of even one or two hours in the evening would provide much-needed flexibility and allow more residents to take advantage of the library's valuable resources. The library is a crucial space for learning, collaboration, and growth, and we hope to see it become even more accessible to the public.

Thank you for considering this request, and I look forward to your response.

Sincerely,
Sarah Thompson

8. 윗글의 목적으로 가장 적절한 것은?

① 도서관에 더 많은 책과 자원을 요청하려고
② 도서관을 다른 위치로 옮기는 제안을 하려고
③ 도서관의 현재 서비스에 대해 불만을 제기하려고
④ 도서관 운영 시간을 더 연장해달라고 요청하려고

9. 밑줄 친 "extension"의 의미와 가장 가까운 것은?

① renovation
② limitation
③ expansion
④ relocation

[10~11] 다음 글을 읽고 물음에 답하시오.

(A)

Looking for fun and educational activities this summer? Join our Summer Reading Program! This program encourages children and adults alike to explore the joy of reading while participating in exciting challenges and events. Who wouldn't want to grow their love for books? Sign up now and enjoy workshops, book giveaways, and prizes for avid readers.

Details
- **Dates**: Monday, June 19 – Friday, August 25
- **Time**: 10:00 a.m. – 4:00 p.m. (Monday–Friday)
- **Location**: Downtown Public Library

Highlights
- **Workshops**
  Improve your creative writing and storytelling skills in engaging workshops.
- **Book Giveaways**
  Receive free books as a participant and expand your library.
- **Reading Challenges**
  Set and achieve challenging reading goals to earn exciting prizes and foster a deeper love of literature.

For more information, visit www.librarysummer.org or call (555) 432-8765.

10. (A)에 들어갈 윗글의 제목으로 가장 적절한 것은?

① How to Build a Library
② Summer Writing Workshops
③ Explore the World Through Books
④ Book Donations for the Community

11. Summer Reading Program에 관한 윗글의 내용과 일치하지 않는 것은?

① 쓰기 목표를 달성하면 상을 받을 수 있다.
② 참가자들에게 무료 책이 제공된다.
③ 행사는 주중에 진행된다.
④ 워크숍에서 창의적인 글쓰기를 배울 수 있다.

12. FoodScan 앱에 관한 다음 글의 내용과 일치하지 않는 것은?

FoodScan is a mobile app designed to help users make healthier food choices. By scanning a product's barcode, users can see detailed nutritional information, including calorie content and ingredient lists. The app also suggests healthier alternatives for high-calorie or processed foods. Users can create a personalized diet plan based on their health goals. Recently, FoodScan introduced a meal planner feature, allowing users to schedule balanced meals for the week. The app also connects with fitness trackers to provide a complete view of one's nutrition and exercise balance.

① It provides information on food ingredients.
② It suggests healthier alternatives.
③ It requires users to input data manually for every item.
④ It helps users create a diet plan.

13. Agricultural Development Agency에 관한 다음 글의 내용과 일치하는 것은?

Agricultural Development Agency (ADA)

The Agricultural Development Agency (ADA) supports farmers and agricultural businesses by providing funding, research, and policy guidance. It works to improve farming techniques, ensure food safety standards, and promote sustainable agricultural practices. ADA also manages programs that help small farmers gain access to markets and modern equipment. Recently, the agency introduced a subsidy program for organic farming to encourage environmentally friendly agriculture. Furthermore, ADA has launched a nationwide initiative to develop smart farming technologies that optimize water usage and crop yields.

① It encourages farmers to continue using old equipment.
② It does not work on improving farming techniques.
③ It promotes organic farming subsidies.
④ It mostly supports large corporations.

14. 다음 글의 주제로 가장 적절한 것은?

Researchers emphasize the importance of sleep in maintaining cognitive function and overall brain health. Sleep allows the brain to process information, consolidate memories, and remove toxins that accumulate during the day. Chronic sleep deprivation has been linked to an increased risk of Alzheimer's disease, reduced concentration, and impaired problem-solving skills. To improve sleep quality, experts recommend maintaining a consistent sleep schedule, avoiding caffeine before bedtime, and limiting screen time at night. Furthermore, recent studies have found that deep sleep stages play a crucial role in emotional regulation and mental health stability.

① How diet influences brain function
② Connection between sleep and memory consolidation
③ History of sleep disorders and their treatments
④ Role of sleep in maintaining cognitive function

15. 다음 글의 요지로 가장 적절한 것은?

Antibiotic resistance is a growing global health concern, as bacteria become increasingly resistant to medications due to overuse and misuse of antibiotics. This resistance makes common infections harder to treat, leading to prolonged illnesses and higher mortality rates. To combat this issue, health organizations recommend stricter regulations on antibiotic prescriptions and increased public awareness of responsible antibiotic use. Researchers are also exploring alternative treatments, such as bacteriophage therapy and new drug development. Additionally, global collaboration is essential to controlling the spread of antibiotic-resistant bacteria.

① Vaccines are important for preventing diseases.
② Natural remedies are better than antibiotics.
③ Antibiotic resistance is a growing health problem.
④ Antibiotics are useful for treating viral infections.

16. 다음 글의 흐름상 어색한 문장은?

Art restoration is a meticulous process that helps preserve historical masterpieces. ① Experts use advanced techniques to clean and repair paintings without damaging the original artwork. ② Restorers often study an artist's original materials and methods to ensure accuracy in their work. ③ Some Renaissance artists experimented with natural pigments and handmade brushes to achieve unique textures in their paintings. ④ Over time, exposure to light and humidity can cause paintings to fade or deteriorate. Proper conservation efforts allow future generations to appreciate and study historical works of art.

17. 주어진 문장이 들어갈 위치로 가장 적절한 것은?

However, studies suggest that intentional alone time can enhance problem-solving skills, boost creativity, and improve emotional resilience.

Many people avoid solitude, fearing it will lead to isolation or boredom. (①) Solitude allows individuals to disconnect from external influences and engage in deep self-reflection. (②) Spending time alone is often associated with loneliness, but in reality, solitude can foster self-discovery, creativity, and mental clarity." (③) Instead of seeing alone time as something to be avoided, people can use it as an opportunity to recharge and gain insight into their personal goals. (④) Learning to be comfortable in one's own company is a powerful skill that contributes to long-term mental well-being.

18. 주어진 글 다음에 이어질 글의 순서로 가장 적절한 것은?

I dusted off the old bicycle, its once-bright paint now faded and chipped. It had been years since I last rode it, but my hands still knew the feel of the handlebars.

(A) For a brief moment, I wasn't an adult with responsibilities—I was just a kid again, racing against the wind, free and weightless.
(B) The tires were a little deflated, and the chain creaked as I pushed the pedals, but the moment I started moving, everything felt familiar.
(C) I rode down the street, the wind rushing past me, carrying echoes of childhood laughter and long summer afternoons.

① (B) - (A) - (C)
② (B) - (C) - (A)
③ (C) - (A) - (B)
④ (C) - (B) - (A)

[19~20] 밑줄 친 부분에 들어갈 말로 가장 적절한 것을 고르시오.

19.

Social media influencers have become powerful figures in marketing, shaping consumer preferences and trends. Their ability to connect with audiences on a personal level makes their endorsements highly influential. While influencer marketing has helped brands reach new customers, it has also led to ethical concerns regarding transparency and authenticity. Some critics argue that _____ has contributed to misleading advertising, causing consumers to question the credibility of online promotions.

① stricter regulations on digital marketing
② a decrease in social media engagement
③ undisclosed sponsorships and false endorsements
④ greater trust in traditional advertising methods

20.

Uncertainty is an inevitable part of life, yet many people struggle with it, experiencing anxiety and stress when they cannot predict future outcomes. The human brain naturally seeks stability and control, which is why uncertainty often triggers discomfort. However, research suggests that learning to tolerate uncertainty is a crucial skill for mental resilience. Those who embrace uncertainty as a normal part of life are less likely to suffer from chronic stress and more likely to adapt to new situations. While uncertainty can feel overwhelming, individuals can build resilience by _____, allowing them to navigate life's unpredictability with greater confidence and calmness.

① resisting any change in routine
② avoiding all unfamiliar situations
③ accepting uncertainty and focusing on adaptability
④ waiting for complete certainty before deciding

영 어

[1~3] 밑줄 친 부분에 들어갈 말로 가장 적절한 것을 고르시오.

1. Her ideas were considered too _____ for the conservative board.

   ① innovative
   ② outdated
   ③ inevitable
   ④ minor

2. The agreement was _____, requiring all parties to follow strict guidelines.

   ① flexible
   ② mandatory
   ③ optional
   ④ temporary

3. Compared to its predecessor, the latest model of the electric vehicle is not only significantly more energy-efficient but also _____ in design, making it a popular choice among environmentally conscious consumers.

   ① sophisticated
   ② more sophisticated
   ③ most sophisticated
   ④ as sophisticated

[4~5] 밑줄 친 부분 중 어법상 옳지 않는 것을 고르시오.

4. To enhance productivity, the manager implemented a new system ① that automates routine tasks. Employees ② were given training on how to use the system efficiently, and the initial feedback ③ has been largely positive. However, some employees complained that it ④ reduces flexibility.

5. The book that she has been reading ① provides an insightful perspective on climate change. It ② argues that governments should take actions immediately ③ to mitigate its effects. However, the author also ④ emphasize the importance of individual responsibility.

[6~7] 밑줄 친 부분에 들어갈 말로 가장 적절한 것을 고르시오.

6.
Emma Morgan: Are you planning to attend the marketing seminar next Friday? 9:32
Sean Miller: I'm not sure yet. What's the seminar about? 9:32
Emma Morgan: It's about new strategies for digital advertising and audience targeting. 9:33
Sean Miller: That sounds really helpful. Do I need to bring anything? 9:34
Emma Morgan: Not really, but don't forget to prepare questions if you have any. The Q&A session is always insightful. 9:34
Sean Miller: Who will be leading the seminar? 9:35
Emma Morgan: _____ 9:35

① Bring a notebook and a pen to take notes.
② It will be led by our marketing team manager.
③ The seminar will start at 10 AM sharp.
④ You can register through the marketing department.

7. A: I'm thinking about buying a used car.
B: That's a good idea. Have you decided on a specific model?
A: Not yet. I want something reliable and affordable.
B: I'd recommend looking at Toyota or Honda.
A: _____.
B: Yes, they're known for their durability and low maintenance costs.
A: Great, I'll start checking online listings this week.
B: Let me know if you need any help with the search.

① Are those brands really reliable?
② I only want luxury brands like BMW.
③ Do you think buying a car is necessary?
④ Isn't buying a used car too risky?

[8~9] 다음 글을 읽고 물음에 답하시오.

	Send　Preview　Save
To	City Transportation Office
From	Mark Peterson
Date	October 5
Subject	Improving Accessibility for Residents
	My PC　Browse

Dear City Transportation Office,

I hope this email finds you well. I am writing on behalf of the residents of Maplewood Avenue to request additional bus stops along our street. Many residents, including seniors and students, have to walk long distances to access the nearest bus stop, which is both inconvenient and unsafe.

Adding a few bus stops along Maplewood Avenue would not only provide better access to public transportation but also encourage more people to use the service, reducing traffic congestion and pollution in the area.

Thank you for considering this request. I look forward to hearing about any updates or plans regarding this matter.

Sincerely,
Mark Peterson

8. 윗글의 목적으로 가장 적절한 것은?

① 추가 버스 정류장을 요청하려고
② 도시의 현재 버스 노선에 대해 불평하려고
③ 동네에 새로운 지하철역 건설을 제안하려고
④ Maplewood Avenue 근처의 교통 위반을 보고하려고

9. 밑줄 친 "access"의 의미와 가장 가까운 것은?

① excess
② block
③ reach
④ surplus

[10~11] 다음 글을 읽고 물음에 답하시오.

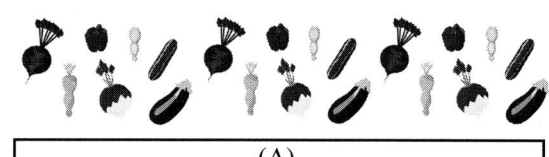

(A)

Do you know what's on your plate?

Many people are unaware of how their food choices impact their health and well-being. Poor eating habits can lead to various health issues, including obesity, diabetes, and heart disease.

Who wants to live with poor health?

Join our free workshop to learn about healthy eating habits, how to prepare nutritious meals on a budget, and tips for maintaining a balanced diet.

This session is led by certified nutritionists and includes a live cooking demonstration to help you get started on your journey to better health.

Sponsored by Wellness for All Foundation

• Location: Eastside Community Center, Room 202
• Date: Thursday, May 23, 2024
• Time: 2:00 p.m.

For any questions about the workshop, please visit our website at www.wellnessforall.org or contact our office at (321) 765-0987.

10. (A)에 들어갈 윗글의 제목으로 가장 적절한 것은?

① Preparing Meals on a Budget
② Eating for a Healthier Life
③ The Dangers of Fast Food
④ Nutrition for Athletes

11. 위 안내문의 내용과 일치하지 않는 것은?

① 이 워크숍은 무료로 제공된다.
② 건강한 식습관에 대해 배울 수 있다.
③ 행사는 주말에 열린다.
④ 전화로 워크숍에 관해 질문할 수 있다.

12. SafeDrive 앱에 관한 다음 글의 내용과 일치하지 않는 것은?

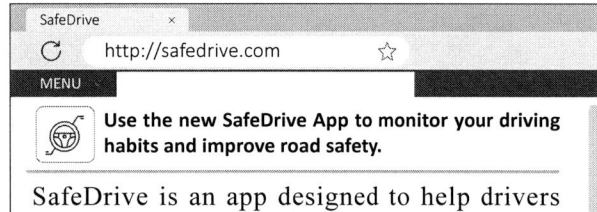

SafeDrive is an app designed to help drivers improve their road safety. It analyzes driving behavior, such as speed and braking patterns, and provides feedback to encourage safer driving. The app also alerts users about traffic conditions and road hazards. Users can earn rewards for maintaining safe driving habits. Recently, SafeDrive introduced a new emergency assistance feature, which automatically contacts emergency services if a severe accident is detected. Additionally, the app allows users to share their location with family members for added security.

① It alerts users about road hazards.
② It analyzes driving behavior.
③ It penalizes users for bad driving.
④ Users can earn rewards for safe driving.

13. National Transportation Safety Agency에 관한 다음 글의 내용과 일치하는 것은?

National Transportation Safety Agency (NTS)

The National Transportation Safety Agency (NTS) is responsible for ensuring the safety of highways, railways, and air travel. It investigates transportation accidents, enforces safety regulations, and develops infrastructure improvement plans. NTS also works with automobile and airline companies to implement safety standards. Recently, the agency launched a nationwide campaign promoting road safety awareness to reduce traffic accidents. In response to the increasing use of autonomous vehicles, NTS has established new safety guidelines to regulate self-driving technology and prevent potential hazards.

① It updates transportation safety standards.
② It is not involved in transportation accidents.
③ It prioritizes airline safety over highway safety.
④ It has established guidelines for self-driving vehicles.

14. 다음 글의 주제로 가장 적절한 것은?

Mental health awareness in schools has become increasingly important as students face academic pressure, social challenges, and emotional stress. Schools are implementing mental health programs that provide counseling services, stress management workshops, and peer support groups. Early intervention can help identify and address mental health issues before they worsen, improving students' overall well-being. Educators are also being trained to recognize signs of anxiety, depression, and other mental health disorders. Studies have shown that promoting mental health awareness in schools leads to improved academic performance and stronger emotional resilience among students.

① Role of diet in mental health management
② Importance of mental health awareness in schools
③ Connection between exercise and emotional stability
④ Impact of childhood trauma on adult relationships

15. 다음 글의 요지로 가장 적절한 것은?

Early childhood education plays a crucial role in cognitive and social development, providing children with a strong foundation for future learning. Studies indicate that children who attend quality preschool programs perform better academically and develop stronger communication skills. Early education also fosters emotional intelligence and creativity, helping children adapt to social environments. Governments are investing in early childhood education initiatives to ensure equal access for all children, regardless of socioeconomic background. Additionally, integrating play-based learning techniques has been shown to improve critical thinking and problem-solving abilities in young children.

① Schools should improve curriculum history.
② Early childhood education is important for development.
③ Homeschooling is the best way to teach children.
④ Teaching toddlers foreign languages is difficult.

16. 다음 글의 흐름상 어색한 문장은?

The development of currency has played a crucial role in economic history. ① Early societies relied on barter systems before transitioning to metal coins as a more efficient means of trade. ② Some ancient rulers issued specially minted coins with elaborate designs to reinforce their political authority and showcase their wealth. ③ Paper money was later introduced, making transactions more convenient and reducing the need for carrying heavy coins. ④ With the rise of digital banking, cash transactions have become less common in many parts of the world. As economies evolved, different forms of currency emerged, from gold-backed standards to modern cryptocurrencies, reflecting shifts in financial systems.

17. 주어진 문장이 들어갈 위치로 가장 적절한 것은?

For instance, decluttering one's living space can reduce stress and improve focus, as a tidy environment helps clear the mind.

Minimalism is a lifestyle that promotes simplicity and intentional living. (①) By focusing on essential items and eliminating excess, people can create a more organized and peaceful environment, which can positively impact their well-being. (②) This approach is believed to have broader effects on mental health, as reducing physical clutter can also declutter one's thoughts. (③) Many individuals adopt minimalism to achieve greater happiness, financial freedom, and personal fulfillment. (④) As interest in minimalism grows, more people are embracing its principles to lead more meaningful and stress-free lives.

18. 주어진 글 다음에 이어질 글의 순서로 가장 적절한 것은?

The bus stop was nearly empty, just a few people scattered across the benches. I adjusted my bag and checked the schedule.

(A) A man beside me flipped through a newspaper, while a teenager tapped their foot impatiently, eyes fixed on their phone.

(B) The distant hum of an approaching engine signaled that the wait was nearly over, and people began to gather near the curb.

(C) As the bus doors swung open, I stepped forward, ready to move on to whatever came next.

① (A) - (B) - (C)
② (A) - (C) - (B)
③ (B) - (A) - (C)
④ (C) - (A) - (B)

[19~20] 밑줄 친 부분에 들어갈 말로 가장 적절한 것을 고르시오.

19.

The gig economy, characterized by short-term and freelance work, has grown significantly due to digital platforms like Uber, Fiverr, and Upwork. This flexible work model offers individuals the freedom to choose their own schedules and projects. However, gig workers often lack job stability, health benefits, and legal protections enjoyed by full-time employees. As the gig economy continues to expand, policymakers are debating ways to _____, ensuring fair wages and worker rights in this rapidly evolving job market.

① eliminate online platforms that offer gig jobs
② discourage freelance work in developing countries
③ increase automation in the workforce
④ establish labor protections for gig workers

20.

In today's fast-paced world, many people rush from one task to another without taking the time to reflect on their actions, thoughts, and decisions. However, research suggests that self-reflection is a powerful tool for personal and professional growth. By reviewing daily experiences, individuals gain insight into their strengths, weaknesses, and patterns of behavior. Successful people often set aside time to analyze what went well, what could be improved, and how to approach future challenges. Without reflection, people risk repeating mistakes and failing to recognize valuable lessons in their experiences. To cultivate personal growth and intentional decision-making, individuals should _____, ensuring they learn from each day and continue evolving.

① practice daily self-reflection and evaluation
② assume reflection is unnecessary for growth
③ focus only on external opinions for validation
④ avoid thinking about past experiences

영 어

[1~3] 밑줄 친 부분에 들어갈 말로 가장 적절한 것을 고르시오.

1. Despite his busy schedule, he makes _____ efforts to spend time with his family.

   ① consistent
   ② halfhearted
   ③ reluctant
   ④ ineffective

2. The company's growth is _____ to its innovative leadership.

   ① apparent
   ② attributed
   ③ accidental
   ④ insufficient

3. The manuscript, which _____ by a renowned historian and meticulously edited by a team of experts, provides a detailed account of the cultural transformations that took place during the 19th century.

   ① writes
   ② was written
   ③ had written
   ④ is writing

[4~5] 밑줄 친 부분 중 어법상 옳지 않은 것을 고르시오.

4. The scientists ① conducted experiments to test the new hypothesis, and the preliminary results ② suggested that their assumptions were correct. However, the research team noted that additional studies ③ would needed to confirm the findings, ④ which could have significant implications for the field.

5. He was supposed to arrive at the station ① by 10 a.m., but he got delayed ② due to traffic. When he finally reached the station, he realized he ③ had left his wallet at home. Luckily, a kind stranger ④ offered him to help by paying for his ticket.

[6~7] 밑줄 친 부분에 들어갈 말로 가장 적절한 것을 고르시오.

6.
Linda Harris: Are you joining the environmental workshop this weekend? 9:24
Gary Clark: I'm not sure yet. What's the workshop about? 9:24
Linda Harris: It's about practical ways to reduce waste and adopt sustainable practices. 9:24
Gary Clark: That sounds really interesting! How long will it last? 9:25
Linda Harris: It's a three-hour workshop, including a hands-on activity. You'll learn a lot. 9:25
Gary Clark: What's the hands-on activity? 9:26
Linda Harris: _____ 9:26

① We'll be making eco-friendly cleaning products.
② All the materials needed will be provided.
③ You need to pay the fee in advance to attend.
④ The workshop ends at 5 PM.

7.
A: I heard you're planning a camping trip.
B: Yes, I'm going with some friends next weekend.
A: That's great! Where are you planning to go?
B: We're thinking of a spot near the lake.
A: _____.
B: I hope so! The view is supposed to be amazing.
A: Do you have all the camping gear you need?
B: Yes, we're borrowing a tent and some sleeping bags.

① That sounds like a peaceful place to camp.
② Isn't it too far to drive there?
③ Camping is the best way to escape from city life.
④ Are you sure camping near a lake is safe?

[8~9] 다음 글을 읽고 물음에 답하시오.

	Send Preview Save
To	Neighborhood Safety Office
From	Lisa Wong
Date	November 12
Subject	Neighborhood Safety Request
	My PC Browse

Dear Neighborhood Safety Office,

I am writing to express my concern about the lack of <u>adequate</u> street lighting in our neighborhood, particularly along Pinewood Lane. The area becomes very dark at night, making it unsafe for pedestrians and increasing the risk of accidents or criminal activity.

Installing brighter and more efficient streetlights would significantly improve safety for residents and visitors. This small change could go a long way in ensuring that our neighborhood remains a secure and welcoming place for everyone.

Thank you for your attention to this matter. I look forward to hearing about any plans to address this issue.

Sincerely,
Lisa Wong

8. 윗글의 목적으로 가장 적절한 것은?

① 새로운 보도를 건설할 것을 제안하려고
② Pinewood Lane에 가로등 개선을 요청하려고
③ 동네의 소음 공해에 대해 불평하려고
④ 지역 안전 사무국에 고장난 가로등을 보고하려고

9. 밑줄 친 "adequate"의 의미와 가장 가까운 것은?

① substantial
② minimal
③ insufficient
④ sufficient

[10~11] 다음 글을 읽고 물음에 답하시오.

(A)

Are you looking for your next career opportunity? Attend the Fall Career Fair to meet top employers, explore job openings, and learn about career development. Whether you're a recent graduate or seeking a career change, this event has something for everyone. Bring your resume and dress professionally to make the best impression.

Details
- **Dates**: Wednesday, October 11
- **Times**: 10:00 a.m. – 4:00 p.m.
- **Location**: City Convention Center, Hall B

Highlights
- **Meet Employers**
  Connect with recruiters from leading companies.
- **Workshops**
  Attend sessions on resume building and interview skills.
- **Networking Opportunities**
  Expand your professional connections.

For more information, visit www.citycareerfair.org or call (654) 321-0987.

10. (A)에 들어갈 윗글의 제목으로 가장 적절한 것은?

① How to Build a Resume
② Networking for Beginners
③ Top Employers in Your Area
④ Explore New Career Opportunities

11. Fall Career Fair에 관한 윗글의 내용과 일치하지 않는 것은?

① 구직자들은 이력서를 가져와야 한다.
② 면접 기술에 관한 워크숍이 제공된다.
③ 채용 담당자들을 만날 기회가 있다.
④ 구직자들은 자유로운 복장으로 참가한다.

12. BookMate 앱에 관한 다음 글의 내용과 일치하지 않는 것은?

BookMate is a digital reading app that provides access to thousands of e-books. Users can browse different genres, create personalized reading lists, and even listen to audiobooks. A new update has introduced a night mode feature for comfortable reading in low-light conditions. BookMate is available as a subscription service with unlimited access to all books. Recently, the app introduced a social reading feature, allowing users to join book clubs, share recommendations, and discuss books with other readers. Additionally, BookMate offers personalized book suggestions based on users' reading habits.

① It has a night mode for comfortable reading.
② It is completely free with no subscription.
③ Users can create reading lists.
④ It offers audiobooks.

13. Infrastructure Development Bureau에 관한 다음 글의 내용과 일치하는 것은?

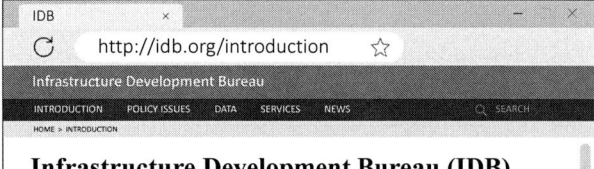

Infrastructure Development Bureau (IDB)

The Infrastructure Development Bureau (IDB) is responsible for planning, funding, and overseeing large-scale construction projects, including roads, bridges, and public buildings. It ensures that infrastructure projects meet safety and efficiency standards while minimizing environmental impact. IDB also provides grants to local governments for transportation improvements and urban development. Recently, the agency introduced a smart city initiative that incorporates technology to improve traffic flow and energy efficiency.

① It provides funding for urban development.
② It does not oversee public building projects.
③ It merely considers environmental impact in its projects.
④ It restricts cities implementing smart technology systems.

14. 다음 글의 주제로 가장 적절한 것은?

Traffic accidents remain a leading cause of injury and death worldwide, often resulting from speeding, distracted driving, and failure to obey traffic laws. Governments are enforcing stricter penalties for reckless driving and increasing surveillance through traffic cameras to improve road safety. Public awareness campaigns emphasize the dangers of drunk driving and the importance of wearing seat belts. Improving road infrastructure, such as adding more pedestrian crossings and better lighting, also contributes to accident prevention. Additionally, emerging technologies like automatic braking systems in vehicles are helping to reduce collisions and save lives.

① Economic impact of traffic congestion
② History of automobile safety regulations
③ Various benefits of public transportation
④ Different strategies to reduce traffic accidents

15. 다음 글의 요지로 가장 적절한 것은?

Green spaces in urban areas provide numerous benefits, including improved air quality, reduced stress levels, and increased biodiversity. Parks, gardens, and tree-lined streets help filter pollutants from the air, making cities healthier places to live. Additionally, exposure to green environments has been linked to lower levels of anxiety and depression, promoting overall mental well-being. Green spaces also serve as important habitats for birds, insects, and other wildlife, contributing to urban biodiversity. Recent urban planning projects have focused on expanding green areas in cities to create more sustainable and livable environments.

① More parks should be built for urban development
② Cities need more private gardens.
③ Parks are affordable to maintain.
④ Green spaces make cities healthier and more livable.

16. 다음 글의 흐름상 어색한 문장은?

Colors can have a strong psychological impact on emotions and behavior. ① Red is often associated with energy and excitement, while blue is linked to calmness and stability. ② Some researchers believe that the perception of certain colors can change depending on the amount of natural or artificial lighting in a room. ③ Marketers use color psychology to influence consumer behavior, such as using bright colors for impulse purchases. ④ Many hospitals paint their walls in soft, neutral tones to create a soothing environment for patients. Color preferences can be influenced by a person's personality, cultural background, and past experiences.

17. 주어진 문장이 들어갈 위치로 가장 적절한 것은?

Studies have shown that laughing regularly can improve both mental and physical health.

Laughter is often described as the best medicine, and science supports this claim. (①) It has been linked to lower blood pressure, improved immune function, and a greater sense of well-being. (②) For example, laughter triggers the release of endorphins, which help reduce stress and boost mood, contributing to overall emotional stability. (③) In social settings, laughter also helps strengthen relationships and build a sense of connection between people. (④) As researchers continue to explore its benefits, laughter therapy is becoming a recognized practice in stress management and healthcare.

18. 주어진 글 다음에 이어질 글의 순서로 가장 적절한 것은?

As I reached into the couch cushions for the remote, my fingers brushed against something small and cool. Curious, I pulled it out and held it up to the light.

(A) Smiling, I placed it on the table, amused by how things sometimes reappear just when you stop looking for them.
(B) I turned it over in my palm, remembering the day I had searched everywhere for it, only to give up and assume it was gone.
(C) The tiny silver earring sparkled faintly, its delicate design instantly familiar, even though I hadn't seen it in years.

① (A) - (C) - (B)
② (B) - (A) - (C)
③ (C) - (A) - (B)
④ (C) - (B) - (A)

[19~20] 밑줄 친 부분에 들어갈 말로 가장 적절한 것을 고르시오.

19.
Deepfake technology, powered by artificial intelligence, enables the creation of highly realistic fake videos and audio recordings, making it difficult to distinguish between real and manipulated content. While it has legitimate uses in entertainment and accessibility tools, it also raises serious ethical concerns. Deepfakes have been used to spread misinformation, impersonate public figures, and commit fraud. Additionally, they have played a role in cybercrimes, leading to identity theft and reputational harm. As the technology advances, detecting and regulating manipulated content becomes increasingly challenging. To combat these risks, experts and lawmakers are calling for _____ to prevent misuse while preserving its beneficial applications.

① no restrictions on deepfakes
② stronger laws and detection tools
③ promoting deepfakes in media
④ banning all online videos

20.
Volunteering is often seen as a way to help others, but it also provides significant psychological benefits for those who participate. Studies show that engaging in volunteer work reduces stress, increases happiness, and fosters a sense of purpose. Helping others creates a feeling of fulfillment and strengthens social connections. Furthermore, volunteering has been linked to improved self-esteem and even physical health benefits. To maximize the personal rewards of volunteering, individuals should _____, ensuring that their efforts align with their passions and values.

① focus only on personal gain
② participate only for recognition
③ engage in meaningful and fulfilling service
④ avoid long-term commitments to volunteering

해설편
(1회 - 12회)

✅ 빠른 정답

1회

1	2	3	4	5
④	②	②	③	④
6	7	8	9	10
①	④	①	②	③
11	12	13	14	15
④	③	③	④	②
16	17	18	19	20
③	④	②	①	②

2회

1	2	3	4	5
②	③	②	④	③
6	7	8	9	10
④	①	②	②	②
11	12	13	14	15
③	②	①	③	②
16	17	18	19	20
④	①	④	③	①

3회

1	2	3	4	5
③	②	③	②	②
6	7	8	9	10
③	②	①	④	②
11	12	13	14	15
③	②	②	④	④
16	17	18	19	20
③	②	①	③	②

4회

1	2	3	4	5
①	④	③	④	③
6	7	8	9	10
②	④	②	③	③
11	12	13	14	15
③	②	③	②	②
16	17	18	19	20
②	④	③	②	④

5회

1	2	3	4	5
①	②	④	③	②
6	7	8	9	10
③	④	④	②	②
11	12	13	14	15
④	②	②	③	①
16	17	18	19	20
④	③	④	①	②

6회

1	2	3	4	5
①	②	④	③	③
6	7	8	9	10
④	②	②	②	①
11	12	13	14	15
②	②	④	②	③
16	17	18	19	20
③	③	①	③	③

7회

1	2	3	4	5
③	②	④	④	④
6	7	8	9	10
②	②	②	①	④
11	12	13	14	15
④	④	③	②	④
16	17	18	19	20
②	③	②	①	④

8회

1	2	3	4	5
①	④	③	③	③
6	7	8	9	10
④	④	③	④	②
11	12	13	14	15
②	②	②	①	②
16	17	18	19	20
③	④	③	④	①

9회

1	2	3	4	5
③	①	②	④	②
6	7	8	9	10
②	④	②	①	③
11	12	13	14	15
④	④	③	②	①
16	17	18	19	20
④	①	④	②	③

10회

1	2	3	4	5
②	③	①	④	②
6	7	8	9	10
③	②	④	③	③
11	12	13	14	15
①	③	③	④	③
16	17	18	19	20
③	①	②	③	③

11회

1	2	3	4	5
①	②	②	③	④
6	7	8	9	10
②	①	①	③	②
11	12	13	14	15
③	③	④	②	②
16	17	18	19	20
②	②	①	④	①

12회

1	2	3	4	5
①	②	②	③	④
6	7	8	9	10
①	①	②	④	④
11	12	13	14	15
④	②	①	④	④
16	17	18	19	20
②	①	④	②	③

영 어

[1~3] 밑줄 친 부분에 들어갈 말로 가장 적절한 것을 고르시오.

1. 박물관은 고대 시간으로 거슬러 올라가는 _____한 유물들을 소장했다.

   ① modern (현대적인)
   ② trivial (사소한)
   ③ damaged (손상된)
   ④ rare (희귀한)

   문장에서 "date back to ancient times"는 고대까지 거슬러 올라간다는 뜻이다. 고대 유물은 "희귀한" (rare) 것이 가장 적절하다.

2. 정부는 정신 건강의 _____에 대한 인식을 고취시키기 위해 캠페인을 시작했다.

   ① complication (문제)
   ② significance (중요성)
   ③ complexity (복잡성)
   ④ irrelevance (관련 없음)

   문장에서 "raise awareness about"는 어떤 것의 중요성에 대해 인식을 높인다는 뜻이다. 정신 건강은 중요한 주제이므로 "significance" (중요성)가 적합하다.

3. 그녀가 경고 신호를 더 일찍 _____면, 사고를 피할 수 있었을 것이다.

   ① notices
   ② had noticed (알아차리다)
   ③ has noticed
   ④ is noticing

   문장은 가정법 과거완료를 사용해 과거의 일을 후회하거나 가정하는 표현이다. "If she had noticed the warning signs earlier"는 경고를 더 일찍 알아차렸다면 사고를 피했을 것이라는 뜻이다.

[4~5] 밑줄 친 부분 중 어법상 옳지 않은 것을 고르시오.

4. 팀은 시장 동향에 대한 철저한 분석을 수행했으며, 성장 기회를 몇 가지 식별했다. 그들은 장기적인 성공을 보장하기 위해 마케팅 활동에 더 많은 자원이 할당될 것이라고 결론지었으며, 이는 회사에 크게 도움이 될 수 있다.

   ③ would allocated (→ would be allocated)

   조동사 "would" 뒤에는 동사 원형이 와야 하며 문맥상 수동태가 필요하기 때문에 "would be allocated"가 옳은 표현이다.

5. 이 회사는 최근 몇 년 동안 빠르게 확장하고 있다. 새로운 제품들이 여러 시장에 동시에 출시되고 있고, 이는 성장과 혁신의 기회를 만든다. 그런데 운영 비용은 상당히 증가했다.

   ④ has increased (→ have increased)

   문장에서 "its operational costs"는 복수 형태이기 때문에 동사는 "have increased"가 되어야 한다.

[6~7] 밑줄 친 부분에 들어갈 말로 가장 적절한 것을 고르시오.

6. A: 도쿄에서 이틀 밤 숙박할 호텔 예약하려고요.
   B: 좋아요. 특정 날짜가 있나요?
   A: 네, 5월 10일에 체크인하고 5월 12일에 체크아웃할 거예요.
   B: 알겠습니다. 어떤 방을 원하시나요?
   A: 싱글룸이면 괜찮아요.
   B: 방에 특별히 원하는 사항이 있으신가요?
   A: _____
   B: 알겠습니다. 예약 완료됐습니다.

   ① Yes, I'd like a room with a sea view.
      네, 바다가 보이는 방으로 부탁드려요.
   ② No, I'd like to book a flight instead.
      아니요, 대신 비행기 표를 예약하고 싶어요.
   ③ Yes, I have two luggages.
      네, 짐이 두 개 있어요.
   ④ No, I don't need a room.
      아니요, 방이 필요 없어요.

   문맥상 "Do you have any special requests for the room?"에 대한 답으로, 방에 대한 특별 요청을 묻고 있다. "Yes, I'd like a room with a sea view"가 적절한 답변이다.

7. **Sophia White**
   안녕하세요, 하루 동안 사용할 개인 사무실 공간을 대여하고 싶습니다.
   3:12

   David Brown
   문의 주셔서 감사합니다. 고객님의 필요에 따라 여러 옵션이 준비되어 있습니다. 공간을 어떻게 사용하실 계획인지 알려주실 수 있을까요?
   3:12

   Sophia White
   네, 8명이 참석하는 작은 팀 회의를 주최하려고 하고, 조용한 환경이 필요합니다.
   3:12

   David Brown
   _____
   3:13

   Sophia White
   회의는 8월 8일 화요일로 예정되어 있습니다. 그날 사용할 수 있는 개인 공간이 있나요?
   3:13

   David Brown
   네, 있습니다. 예약을 확정하고 이메일로 모든 세부 정보를 보내드리겠습니다.
   3:13

   ① Don't forget to bring a laptop with you!
      노트북을 가져오는 것을 잊지 마세요!
   ② Do you need any additional services?
      추가로 필요한 서비스가 있으신가요?
   ③ How many people are attending the meeting?
      회의 참석자는 몇 명인가요?
   ④ Could you tell me the exact date of your meetig?
      회의의 정확한 날짜를 알려주실 수 있나요?

   Sophia는 "The meeting is scheduled for Tuesday, August 8th."라고 말했다. 이 정보는 David의 질문이 날짜에 대해 구체적으로 물어봤다는 걸 보여준다. 그러므로 빈칸에 들어갈 가장 적절한 질문은 ④번이다.

[8~9] 다음 글을 읽고 물음에 답하시오.

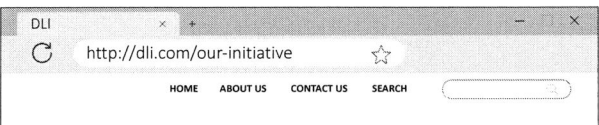

Digital Literacy Initiative

사명
우리의 사명은 학생들과 성인들에게 기술 중심 사회에서 성공하기 위한 기술을 제공하는 것입니다. 디지털 도구에 접근할 수 있는 사람들과 그렇지 않은 사람들 간의 격차를 줄이기 위해 다양한 교육을 제공합니다. 이러한 프로그램은 온라인 안전, 정보 평가, 디지털 플랫폼의 효과적인 사용과 같은 중요한 기술에 중점을 둡니다.

비전
우리는 나이와 배경에 상관없이 모든 사람들이 기술을 활용해 학습, 경력 성장, 개인 발전을 이룰 수 있는 사회를 꿈꿉니다. 이 프로그램은 디지털 문맹을 없애고 포용성을 촉진하는 것을 목표로 합니다.

핵심 가치
· 접근성: 우리는 디지털 교육이 모든 사람에게 제공되도록 보장합니다.
· 책임감: 우리는 디지털 도구의 윤리적이고 책임 있는 사용을 촉진합니다.
· 혁신: 우리는 학습을 효과적이고 흥미롭게 만들기 위해 현대적인 교육 방법을 채택합니다.

8. 윗글에서 Digital Literacy Initiative에 관한 내용과 일치하는 것은?

① It promotes inclusivity by bridging the digital divide.
디지털 격차를 줄여 포용성을 촉진한다.
② It discourages the use of digital platforms.
디지털 플랫폼 사용을 억제한다.
③ It replaces traditional education entirely.
전통 교육 방식을 완전히 대체한다.
④ It focuses only on programming skills.
프로그래밍 기술만을 강조한다.

지문에서는 Digital Literacy Initiative의 목표가 기술 접근성의 격차를 줄이고, 모든 사람들에게 디지털 교육을 제공하여 포괄성을 증진한다고 설명하고 있다. 따라서 ①번이 가장 적절하다.

9. 밑줄 친 empower의 의미와 가장 가까운 것은?

① weaken (약화시키다)
② strengthen (강화하다)
③ restrict (제한하다)
④ replace (대체하다)

문장에서 "empower"는 "기술을 활용할 수 있는 능력을 강화시키다"라는 의미로 쓰였으며, 가장 가까운 뜻은 "강화하다 (strengthen)"이다.

[10~11] 다음 글을 읽고 물음에 답하시오.

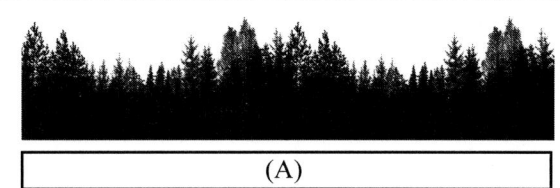

(A)

리버데일 주민으로서 여러분은 리버데일 숲의 아름다움을 즐긴 적이 있을 것입니다.

그러나 이제 이 숲은 불법 벌목과 토지 개발로 인해 위협받고 있습니다.

리버데일 보존 위원회는 이 중요한 자연 자원을 보호하기 위해 무엇을 할 수 있을지 논의하는 회의를 개최합니다. 지역 사회의 참여는 숲을 보호하고, 지역 야생동물을 지원하며, 오염을 줄이는 데 매우 중요합니다.

누가 생명이 가득한 숲을 잃고 싶겠습니까?

후원: 리버데일 보존 위원회

· 장소: 리버데일 커뮤니티 홀, Room 102
· 날짜: 2024년 8월 19일 토요일
· 시간: 오후 3시

더 많은 정보를 원하시면, 저희의 웹사이트 www.riverdaleforestpreservation.org를 방문하시거나 (567) 890-1234로 문의하세요.

10. (A)에 들어갈 윗글의 제목으로 가장 적절한 것은?

① The Future of Riverdale Forest
리버데일 숲의 미래
② Stop Illegal Logging in Riverdale
리버데일의 불법 벌목을 중단하세요
③ Join the Effort to Save Riverdale Forest
리버데일 숲을 지키는 노력에 동참하세요
④ Meeting for Forest Developers
숲 개발업자들을 위한 회의

지문에서 "Riverdale Preservation Committee"가 숲을 보호하기 위한 회의를 개최한다고 강조하고 있으며, 사람들에게 참여를 독려하는 내용이다. 따라서 "Join the Effort to Save Riverdale Forest"가 가장 적절하다.

11. 위 안내문의 내용과 일치하지 않는 것은?

① 숲은 불법 벌목과 토지 개발로 인해 위협받고 있다.
② 커뮤니티 참여는 숲 보호를 위해 필수적이다.
③ 자세한 내용은 전화 문의를 통해 확인할 수 있다.
④ 회의는 2025년 9월 19일에 열린다.

지문에서는 회의 날짜가 2025년 8월 19일로 명시되어 있다. 따라서 9월 19일이라는 내용은 지문과 일치하지 않는다.

12. 다음 글의 목적으로 가장 적절한 것은?

```
✎   Send    Preview    Save
To      customers@securebank.com
From    noreply@securebank.com
Date    January 12, 2025
Subject Important notice
📎      [My PC]  [Browse]
```

친애하는 직원 여러분,

장시간 책상에 앉아 있는 것은 불편함을 유발할 뿐만 아니라 장기적으로 건강 문제를 일으킬 수도 있습니다. 좋은 자세를 유지하고 업무로 인한 피로를 예방하기 위해 다음의 다섯 가지 간단한 방법을 실천해 보세요.

1. 의자의 높이를 조정하여 발이 바닥에 평평하게 닿도록 합니다.
2. 목의 부담을 줄이기 위해 모니터를 눈높이에 맞춥니다.
3. 허리 통증을 줄이기 위해 적절한 허리 지지대가 있는 의자를 사용하세요.
4. 매시간 짧은 휴식을 취하고 스트레칭을 하며 움직이세요.
5. 손목이 중립적인 자세를 유지하도록 키보드와 마우스를 배치하세요.

더 많은 직장 건강 정보를 원하시면 직원 건강 포털을 방문하세요. 자세를 올바르게 유지하는 것은 생산성과 건강을 유지하는 데 필수적입니다.

진심을 담아,
HR 웰니스 팀 드림

① to encourage employees to use ergonomic furniture
   직원들에게 인체공학적 가구 사용을 장려하기
② to remind employees about health insurance benefits
   직원들에게 건강 보험 혜택을 상기시키기
③ **to inform employees about good posture at work**
   직원들에게 올바른 업무 자세를 알리기
④ to nnounce an upcoming workplace safety seminar
   다가오는 직장 안전 세미나를 공지하기

이 이메일은 직원들에게 올바른 직장 내 자세를 유지하는 방법을 안내하는 목적을 가지고 있다. "직원들에게 올바른 업무 자세를 알리기"가 가장 적절한 답변이다.

13. 다음 글의 주제로 가장 적절한 것은?

그레이트 배리어 리프(Great Barrier Reef)는 세계에서 가장 다양한 해양 생태계 중 하나이지만, 최근 몇 년간 해수 온도 상승으로 인해 심각한 산호 백화 현상을 겪고 있다. 과학자들은 위성 영상 및 수중 드론을 활용하여 산호초의 손상 정도를 지속적으로 관찰하고 있다. 보존 활동으로는 산호 복원 프로젝트와 엄격한 환경 규제 등이 포함되며, 이는 추가적인 악화를 방지하는 데 도움이 되고 있다. 전문가들은 해양 생물 다양성을 보호하고 탄소 배출을 줄이기 위한 즉각적인 글로벌 조치의 필요성을 강조하고 있다.

① impact of pollution on marine species
   해양 생물 종에 대한 오염의 영향
② conservation efforts to protect ocean ecosystems
   해양 생태계를 보호하기 위한 보존 노력
③ **monitoring and preserving the Great Barrier Reef**
   그레이트 배리어 리프의 모니터링 및 보존
④ benefits of coral reefs for human populations
   인간에게 미치는 산호초의 이점

이 글은 그레이트 배리어 리프의 현재 상태, 손상 원인, 과학적 모니터링 방법, 보존 활동 등을 다루고 있다. 따라서 "그레이트 배리어 리프의 모니터링 및 보존"이 가장 적절한 주제이다.

14. 다음 글의 내용과 일치하지 않는 것은?

그린 밸리 동물원(Green Valley Zoo)은 매일 운영되며, 방문객을 오전 9시부터 오후 6시까지 (4월10일), 오전 9시부터 오후 5시까지 (11월3일) 받습니다. 티켓은 아래 링크에서 사전 구매할 수 있으며, 구매 후 확인 이메일을 받게 됩니다. 이메일이 받은 편지함에서 누락되지 않았는지 확인해 주세요. 방문시 이메일 확인서를 인쇄된 형태로 또는 디지털 기기에서 제시해주셔야 합니다.

• 온라인 티켓: tickets.greenvalleyzoo.com

그린 밸리 동물원과 야생 탐험 구역은 별도로 운영되며, 각각 $12.00의 입장료가 부과됩니다. 먹이 주기 체험과 같은 가까운 동물 체험 티켓은 방문 서비스 카운터에서 정상 운영 시간 중에 구매할 수 있습니다.

• 휴관일: 크리스마스, 신년, 독립기념일

독립적인 야생 동물 연구를 수행하는 방문객들은 동물원의 연구 시설을 무료로 이용할 수 있지만, 사전 승인이 필요합니다.

추가 문의 사항은 1 (800) 555-1234로 연락 바랍니다.

① The zoo closes at 5:00 p.m. in winter months.
   동물원은 겨울철 오후 5시에 문을 닫는다.
② Feeding session tickets can be purchased on-site.
   먹이 주기 체험 티켓은 현장에서 구매할 수 있다.
③ Visitors pay extra for the Wildlife Discovery Zone.
   방문객은 야생 탐험 구역에 추가 요금을 지불해야 한다.
④ **Research in the facility requires a fee.**
   연구 시설에서의 연구는 요금이 부과된다.

글에 따르면 연구 시설 이용은 무료이지만, 사전 승인 필요하다고 설명되어 있다. ④번 "연구 시설에서의 연구는 요금이 부과된다."는 글의 내용과 일치하지 않는다.

15. 다음 글의 요지로 가장 적절한 것은?

긴급 대응 조정
국가 재난 대응 단위(NDRU)는 자연재해 대비 및 대응을 담당하는 기관이다. 이 기관은 긴급 서비스와 긴밀히 협력하여 지역 사회가 재난 발생 시 신속한 경고 및 지원을 받을 수 있도록 돕는다.

허리케인 및 홍수 방지
허리케인과 홍수는 해안 지역에 심각한 피해를 초래하며, 가옥과 기반 시설에 큰 손상을 입힌다. NDRU는 조기 경보 시스템을 개발하여 주민들에게 재난 경고 및 안전 지침을 제공함으로써 위험을 최소화한다.

NDRU는 재난 대응 외에도 공공 안전 훈련 및 대피 계획을 조직한다. 또한 지역 구조팀을 훈련시켜 피해 지역에서 구조 작업이 원활히 진행되도록 한다.

① NDRU focuses mostly on flood prevention.
   NDRU는 주로 홍수 예방에 집중한다.
② **NDRU provides disaster alerts and assistance.**
   NDRU는 재난 경보 및 지원을 제공한다.
③ NDRU organizes local emergency teams.
   NDRU는 지역 구조팀을 조직한다.
④ NDRU collaborates with infrastructure services.
   NDRU는 기반 시설 서비스와 협력한다.

이 글에서 NDRU가 조기 경보 시스템을 개발하고 주민들에게 안전 지침을 제공한다고 명확히 설명되어있으므로 ②번 "NDRU는 재난 경보 및 지원을 제공한다."가 정답이다.

16. 다음 글의 흐름상 어색한 문장은?

> 많은 연구에 따르면 규칙적인 운동은 정신 건강에 깊은 영향을 미친다. ① 신체 활동은 엔도르핀을 방출하여 기분을 좋게 하고 스트레스를 줄이는 데 도움을 준다. ② 자연 속에서 걷는 것은 특히 유익할 수 있으며, 개인이 주변 환경과 더 깊이 연결될 수 있도록 돕는다. **③ 수면 부족은 심각한 건강 문제를 일으킬 수 있으며, 심장병과 우울증을 포함한다.** ④ 스포츠나 그룹 운동에 참여하면 사회적 연결을 강화하고 팀워크를 촉진한다. 규칙적인 운동 루틴을 유지하는 것은 장기적인 웰빙을 위해 필수적이다.

> 문장의 흐름을 보면, 전체 내용은 운동이 정신 건강에 미치는 긍정적인 영향에 초점을 맞추고 있다. ①, ②, ④ 문장은 운동의 이점에 대해 이야기하고 있으며, 신체 활동이 기분을 향상시키고, 자연 속에서 걷기가 유익하며, 스포츠 활동이 사회적 유대감을 형성하는 데 도움을 준다는 논리적인 연결을 보여준다. 그러나 ③번 문장은 갑자기 "수면 부족"의 부정적인 영향을 언급하면서 문맥에서 벗어난다.

17. 주어진 문장이 들어갈 위치로 가장 적절한 것은?

> 그 결과, 경제적 불평등이 심화되었고, 부유한 산업가들이 막대한 부를 축적하는 동안 노동 계층은 빈곤과 어려움을 겪었다.

> 산업혁명은 세계적으로 사회를 변화시킨 중요한 경제적, 기술적 발전을 가져왔다. (①) 농업 중심 경제에서 산업 생산으로의 전환은 급속한 도시화를 초래했으며, 많은 사람들이 일자리를 찾아 도시로 몰려들었다. (②) 그러나 공장 노동 환경은 종종 열악했고, 긴 노동 시간, 낮은 임금, 그리고 위험한 작업 환경이 문제로 지적되었다. (③) 많은 노동자들은 열심히 일했음에도 불구하고 낮은 임금과 높은 생활비로 인해 가족을 부양하는 데 어려움을 겪었다. (**④**) 이러한 불평등에 대응하여 노동조합과 사회 운동이 등장하여 정당한 임금과 더 나은 노동 조건을 요구하였고, 이는 노동법 개혁으로 이어졌다.

> 주어진 문장은 산업혁명으로 인해 경제적 불평등이 심화되었으며, 부유한 산업가들과 달리 노동 계층이 빈곤과 어려움을 겪었다는 내용을 전달하고 있다. 이 문장을 가장 적절한 위치에 배치하려면, 노동 계층의 어려움과 관련된 설명이 끝난 후, 그에 대한 반응(즉, 노동자들의 대응과 개혁의 움직임)이 이어지는 부분이 가장 자연스럽다. 따라서, 주어진 문장은 ④에 위치하는 것이 가장 적절하다.

18. 주어진 글 다음에 이어질 글의 순서로 가장 적절한 것은?

> 문 앞에서 봉투를 발견하자 나는 주변을 둘러보았다. 아무도 없었다. 조심스럽게 손가락으로 봉투를 집어 들고 안으로 들어갔다.

> (A) 나는 조심스럽게 종이를 펼치며 심장이 두근거렸다. 그 문장들은 짧고 암호 같았으며, 오히려 더욱 섬뜩한 느낌을 주었다. '모든 것이 시작된 곳에서 나를 만나. 자정에.'
> (B) 안에는 우아한 필체로 쓰인 편지가 들어 있었다. 잉크가 살짝 번져 있었는데, 급하게 쓴 것처럼 보였다. 내 이름이 맨 아래 적혀 있었지만, 글씨는 전혀 알아볼 수 없었다.
> (C) 나는 부엌 식탁에 앉아 메시지를 바라보았다. 무슨 뜻일까? 누가 이 편지를 남긴 걸까? 수많은 질문들이 머릿속을 맴도는 동안, 시계 초침 소리가 조용히 흐르고 있었다.

① (A) - (C) - (B)
② (B) - (A) - (C)
③ (B) - (C) - (A)
④ (C) - (B) - (A)

> (B)에서는 봉투 안에 편지가 발견하고, 급하게 쓴 듯한 낯선 필체가 언급된다.
> (A)에서는 편지를 펼쳐서 직접 내용을 읽는 장면이 등장한다.
> (C)에서는 주인공이 편지를 받은 후 충격을 받은 상태에서 깊이 고민하는 모습이 묘사된다.

[19~20]. 밑줄 친 부분에 들어갈 말로 가장 적절한 것을 고르시오.

19.

> 인공지능(AI)은 산업 전반의 직장을 변화시키며, 과거에는 인간이 수행했던 작업을 자동화하고 있다. AI 기반 도구는 방대한 데이터를 분석하고, 업무 흐름을 최적화하며, 의사결정을 돕는 역할을 한다. 하지만 AI의 도입은 특히 반복적인 작업에 의존하는 산업에서 일자리 감소에 대한 우려도 불러일으키고 있다. 일부 전문가들은 AI가 특정 직업을 대체하는 동시에, 더 높은 기술을 필요로 하는 새로운 일자리도 창출할 것이라고 주장한다. 따라서 기업과 정부는 이 기술적 변화에 적응하기 위해 노동자들의 재교육과 기술 향상에 투자해야 한다. 이 변화는 _____, 고용 트렌드, 소득 분배 및 전 세계 노동력 계획에 영향을 미친다.

① presents both opportunities and challenges
기회와 도전을 모두 제공한다
② ensures higher productivity and efficiency
더 높은 생산성과 효율성을 보장한다
③ eliminates the need for human intervention
인간의 개입이 필요 없게 만든다
④ discourages innovation in traditional industries
전통 산업에서 혁신을 저해한다

> 이 글에서는 AI의 도입이 직장 환경을 변화시키는 양면적인 영향을 설명하고 있다. (긍정적인 측면: AI는 업무를 최적화하고, 데이터 분석을 개선하며, 새로운 기술을 필요로 하는 직업을 창출할 가능성이 있다. 부정적인 측면: AI는 기존의 일자리를 대체할 위험이 있으며, 특히 반복적인 작업을 수행하는 근로자들에게 부정적인 영향을 미칠 수 있다.) 이러한 기회와 도전이 공존하는 상황을 가장 잘 설명하는 답은 ① "presents both opportunities and challenges" (기회와 도전을 모두 제공한다) 이다.

20.

> 많은 사람들이 습관을 바꾸는 데 어려움을 겪으며, 단순한 의지력만으로 지속적인 변화를 만들 수 있다고 믿는다. 그러나 연구에 따르면 의지력은 제한된 자원이며, 오직 의지력에만 의존하는 것은 종종 실패로 이어진다. 대신, 성공적인 습관 변화는 트리거(방아쇠)를 식별하고, 긍정적인 루틴을 만들며, 보상을 통해 행동을 강화하는 과정을 포함한다. 새로운 습관을 지속하지 못하는 사람은 스스로를 의지가 부족하다고 비난할 수도 있지만, 중요한 것은 자기비판이 아니라 _____에 있다.

① removing all daily routines
모든 일상 루틴 제거하기
② understanding how habits form
습관이 형성되는 원리를 이해하는 것
③ relying only on willpower
의지력에만 의존하는 것
④ ignoring personal habit triggers
습관 트리거를 무시하는 것

> 지문에서 연구 결과를 통해 의지력만으로는 습관을 바꾸기 어렵다는 점을 설명하고 있다. 성공적인 습관 형성은 "트리거 인식 → 루틴 설정 → 보상 강화" 과정이 필요하다고 명시하고 있다. 따라서 습관을 바꾸는 핵심은 자기비판이 아니라, 습관이 형성되는 원리를 이해하고 이를 적용하는 것이 되어야 한다. 이를 종합했을 때, 가장 적절한 답변은 ② "understanding how habits form" (습관이 형성되는 원리를 이해하는 것) 이다.

영 어

[1~3] 밑줄 친 부분에 들어갈 말로 가장 적절한 것을 고르시오.

1. 회사는 모든 직원에게 _____한 근무 환경을 보장하기 위해 새로운 정책을 시행했다.

   ① stressful (스트레스가 많은)
   ② pleasant (쾌적한)
   ③ risky (위험한)
   ④ challenging (도전적인)

   문장에서 "to ensure a _____ working environment"는 모든 직원에게 '쾌적한(present)' 근무 환경을 보장하기 위한 정책임을 나타낸다. pleasant가 문맥에 가장 적합하다.

2. 과학자의 발견은 너무 _____해서 연구자들이 문제를 접근하는 방식을 바꾸게 되었다.

   ① ordinary (평범한)
   ② irrelevant (관련 없는)
   ③ groundbreaking (획기적인)
   ④ incomplete (불완전한)

   문장에서 "it changed the way researchers approached the problem"는 과학자의 발견이 혁신적이어서 연구자들의 접근 방식을 바꿨음을 나타낸다. groundbreaking (혁신적인)이 적합하다.

3. 새로운 법이 시행될 즈음에는 많은 회사들이 규정을 준수하기 위해 정책을 _____할 것이다.

   ① will change
   ② will have changed (바꾸다)
   ③ changed
   ④ are changing

   "By the time + 현재 시제" 구문이 나오면, 주절에서는 미래 완료(will have + 과거분사)를 사용하는 것이 일반적이다. 따라서 정답은 ② will have changed 이다.

[4~5] 밑줄 친 부분 중 어법상 옳지 않은 것을 고르시오.

4. 그녀가 더 일찍 위험에 대해 알았더라면, 예방 조치를 취했을 것이다. 그러나 그녀가 잠재적인 위험을 과소평가했음이 분명하며, 이제 그녀는 과거에 더 신중했으면 좋았겠다고 바라고 있다.

   ④ is (→ had been)

   문장에서 "she wishes she is more cautious in the past"라는 부분은 시제 오류가 있다. "in the past"가 과거를 나타내므로, "is" 대신 "had been"이 와야 맞다.

5. 시골은 아름답고 조용해서, 도시에서 벗어나 평화로운 휴식을 제공했다. 가족은 사람들이 항상 미소를 짓고, 이웃이 서로 돕는 삶의 느린 속도를 즐겼다고 말했다. 그러나 그들은 제한된 편의 시설에 적응하기 어렵다고 느꼈다.

   ③ helping (→ help)

   문장에서 "where people always smile and neighbors helping each other"는 병렬 구조 오류가 있다. "neighbors helping" 대신 "neighbors help"가 와야 한다.

[6~7] 밑줄 친 부분에 들어갈 말로 가장 적절한 것을 고르시오.

6.
   A: 안녕하세요. 요리 수업에 관심 있어요.
   B: 좋습니다! 어떤 요리를 배우고 싶으세요?
   A: 이탈리안 요리를 배우고 싶어요.
   B: 다음 주 월요일에 초급 과정이 시작됩니다. 괜찮으세요?
   A: 네, 딱 좋아요.
   B: 혹시 저희가 알아야 할 식단 제한이 있나요?
   A: _____
   B: 알겠습니다. 다음 주 월요일에 뵐게요.

   ① Yes, I'd like to cancel the class.
      네, 수업을 취소하고 싶어요.
   ② No, I'd like to learn French cuisine.
      아니요, 프랑스 요리를 배우고 싶어요.
   ③ No, it's my first time.
      아니요, 이번이 처음이에요.
   ④ Yes, I don't eat meat.
      네, 고기를 안 먹어요.

   문맥상, 질문 "Do you have any dietary restrictions we should be aware of?"(식이 제한 사항이 있나요?)에 대한 대답이다. "Yes, I don't eat meat."는 식이 제한 사항에 대해 적절하게 답변한 것이다.

7.
   Emily Davis 안녕하세요, 워크숍 방을 하나 대여하고 싶습니다. 10:05

   Ben Carter 문의 주셔서 감사합니다. 고객님의 필요에 따라 다양한 공간 옵션이 준비되어 있습니다. 몇 명이 참석하실 예정인가요? 10:06

   Emily Davis 약 10명 정도로 계획하고 있습니다. 10:06

   Ben Carter 그 규모에 딱 맞는 방이 있습니다. 워크숍은 언제로 예정되어 있나요? 10:07

   Emily Davis 10월 10일 화요일로 예정되어 있습니다. 10:07

   Ben Carter _____ 10:07

   Emily Davis 너무 좋겠어요! 세부 사항을 확인하고 오늘 중으로 결제를 진행하겠습니다. 10:07

   ① Would you like us to arrange tables for group activities?
      그룹 활동을 위한 테이블 배치를 준비해 드릴까요?
   ② Could you let me know the duration of the workshop?
      워크숍의 진행 시간을 알려주실 수 있나요?
   ③ Can you confirm the start time for the booking?
      예약 시작 시간을 확인해 드릴까요?
   ④ Is this a recurring booking, or just for one day?
      반복 예약인가요, 아니면 하루만 사용하시나요?

   ①번 질문인 "Would you like us to arrange tables for group activities?"는 구체적인 서비스(테이블 배치)와 관련된 제안이며, 이에 대한 Emily의 긍정적인 답변인 "That'll be great"가 자연스럽게 연결된다.

[8~9] 다음 글을 읽고 물음에 답하시오.

Renewable Energy Advocacy Program

사명
우리의 사명은 태양열, 풍력, 수력과 같은 재생 가능한 에너지원을 채택하는 것을 촉진하여 화석 연료 의존도를 줄이는 것입니다. 우리는 청정 에너지 솔루션을 옹호하며, 기후 변화를 완화하고 지속 가능한 미래를 구축하고자 합니다.

비전
우리는 재생 에너지로 운영되는 세상을 꿈꿉니다. 이 세상에서는 경제 성장과 환경 보존이 공존할 수 있습니다. 우리는 혁신과 협력을 통해 모든 지역 사회가 재생 가능한 에너지를 사용할 수 있도록 접근성과 경제성을 확보하고자 합니다.

핵심 가치
· 혁신: 우리는 재생 가능 에너지 기술의 발전을 이끌어 갑니다.
· 지속 가능성: 우리는 에너지 생산이 현재와 미래의 요구를 충족하도록 보장합니다.
· 형평성: 우리는 재생 가능 에너지 솔루션이 모든 지역 사회에 저렴하고 쉽게 제공되도록 합니다.

8. 윗글에서 Renewable Energy Advocacy Program에 관한 내용과 일치하는 것은?

① It promotes dependence on fossil fuels.
  화석 연료 의존을 촉진한다.
② It advocates for the adoption of renewable energy sources.
  재생 가능한 에너지 자원의 채택을 옹호한다.
③ It opposes innovation in clean energy technologies.
  청정 에너지 기술의 혁신을 반대한다.
④ It ignores the importance of sustainability.
  지속 가능성의 중요성을 무시한다.

지문에서는 Renewable Energy Advocacy Program의 목표가 태양열, 풍력, 수력 같은 재생 가능 에너지의 사용을 촉진하고, 화석 연료 의존을 줄이는 것임을 분명히 언급하고 있다. 따라서 ②번이 가장 적절하다.

9. 밑줄 친 fostering의 의미와 가장 가까운 것은?

① ignoring (무시하다)
② promoting (촉진하다)
③ discouraging (방해하다)
④ halting (중단하다)

문장에서 "fostering innovation"은 혁신을 촉진하다, 장려하다라는 의미로 사용되었다. 따라서 promoting(장려하는 것)이 가장 가까운 뜻이다.

[10~11] 다음 글을 읽고 물음에 답하시오.

(A)

연례 건강 및 웰빙 박람회에 초대합니다! 이 행사는 모든 사람을 위한 건강한 라이프스타일을 홍보하는 커뮤니티 이벤트입니다. 무료 건강 검진, 피트니스 수업, 전문가 상담을 통해 건강 목표를 달성하는 데 도움을 받을 수 있습니다. 웰빙 여정을 시작하든 새로운 팁을 찾든 모두를 위한 무언가가 준비되어 있습니다!

세부사항
· 날짜: 5월 20일 (토요일) - 5월 21일 (일요일)
· 시간: 오전 9시 - 오후 5시
· 장소: 센트럴 커뮤니티 센터, 웰빙 애비뉴

주요 내용
· 건강 검진
  혈압, 콜레스테롤 등 건강 상태를 확인할 수 있는 무료 검사를 받아보세요.
· 피트니스 수업
  요가, 줌바, 명상과 같은 수업에 참여하여 신체적, 정신적 건강을 향상시키세요.
· 영양 워크숍
  전문가의 실용적인 조언을 통해 건강하고 경제적인 식사를 준비하는 방법을 배워보세요.

자세한 내용은, www.healthycommunityfair.org 또는 (444) 123-5678로 문의하세요.

10. (A)에 들어갈 윗글의 제목으로 가장 적절한 것은?

① Discover the Secrets of Modern Medicine
  현대 의학의 비밀을 발견하세요
② Join Us for a Healthier Community
  더 건강한 커뮤니티를 위해 동참하세요
③ Learn How to Cook Healthy Meals
  건강한 식사를 요리하는 법을 배워보세요
④ Importance of Fitness in Daily Life
  일상생활에서 운동의 중요성

지문에서 Annual Health and Wellness Fair의 목적은 "건강한 라이프스타일을 촉진"하고 "모든 사람들을 위한 건강과 웰빙"을 강조하는 것이다. 따라서 ② Join Us for a Healthier Community가 가장 적합하다.

11. Annual Health and Wellness Fair에 관한 윗글의 내용과 일치하지 않는 것은?

① 무료 건강 검진이 제공된다.
② 요가와 줌바 수업이 포함된다.
③ 매년 5월에 열린다.
④ 자세한 내용은 웹사이트를 통해 확인할 수 있다.

지문에서 "Saturday, May 20 - Sunday, May 21"에 열린다고 명시되어 있으나, "매년" 5월에 열린다는 언급은 없다. 따라서 ③번 "매년 5월에 열린다"는 옳지 않다.

12. 다음 글의 목적으로 가장 적절한 것은?

```
┌─────────────────────────────────────────────┐
│  ✎    Send    Preview    Save               │
├─────────────────────────────────────────────┤
│  To       subscribers@sleepwell.com         │
│  From     support@sleepwell.com             │
│  Date     April 10, 2025                    │
│  Subject  Important notice                  │
│  ⌘        [ My PC ]  [ Browse ]             │
└─────────────────────────────────────────────┘
```

친애하는 고객님들께,

건강을 유지하는 가장 좋은 방법 중 하나는 올바른 식습관을 갖는 것입니다. 균형 잡힌 식단은 에너지를 증가시키고, 면역 체계를 강화하며, 만성 질환의 위험을 줄이는 데 도움이 됩니다. 그러나 바쁜 일정과 잘못된 식습관으로 인해 건강한 식단을 유지하는 것이 어려울 수 있습니다. 여러분이 건강한 식습관을 실천할 수 있도록 다섯 가지 간단한 팁을 공유합니다.

1. 모든 식사에 다양한 과일과 채소를 포함하세요.
2. 정제된 탄수화물 대신 통곡물을 선택하세요.
3. 가공식품과 첨가된 설탕 섭취를 줄이세요.
4. 충분한 물을 마시며 수분을 유지하세요.
5. 미리 식사를 계획하고 준비하여 건강하지 않은 선택을 피하세요.

작은 변화들이 쌓이면 전반적인 건강을 개선하고 평생 지속할 수 있는 건강한 습관을 형성할 수 있습니다. 더 많은 영양 정보와 맞춤형 식단 계획 조언을 원하시면 웹사이트를 방문하세요. 건강한 몸을 유지하는 것은 여러분이 먹는 음식에서 시작됩니다.

진심을 담아,
NutriFit 팀 드림

① to promote a new diet program for better nutrition
   더 나은 영양을 위한 새로운 다이어트 프로그램 홍보하기
② to provide tips on maintaining a healthy diet
   건강한 식습관 유지 방법을 제공하기
③ to recommend vitamin supplements for health
   건강을 위한 비타민 보충제 추천하기
④ to advertise a weight-loss plan for customers
   고객을 위한 체중 감량 계획 광고하기

이 이메일은 건강한 식습관을 유지하는 방법을 안내하는 목적을 가지고 있다. "건강한 식습관 유지 방법을 제공"이 가장 적절한 정답이다.

13. 다음 글의 주제로 가장 적절한 것은?

자율주행 자동차는 한때 미래적인 개념으로 여겨졌지만, 인공지능과 센서 기술의 발전 덕분에 빠르게 현실화되고 있다. 기업들은 공공 도로에서 자율주행 차량을 테스트하면서 안전성과 효율성을 개선하려고 노력하고 있다. 일부 지지자들은 이 차량이 인간의 실수로 인한 교통사고를 줄일 수 있다고 주장하지만, 예측할 수 없는 상황에서의 윤리적 의사 결정 문제에 대한 우려도 여전히 존재한다. 정부는 자율주행 차량이 사회에 원활하게 통합될 수 있도록 관련 규정을 마련하는 중이다.

① future of autonomous vehicle technology
   자율주행 기술의 미래
② ethical concerns in artificial intelligence
   인공지능의 윤리적 문제
③ role of public transportation in urban areas
   도시 지역 대중교통의 역할
④ government regulations on car manufacturing
   자동차 제조에 대한 정부 규제

이 글은 자율주행 기술의 발전, 테스트 과정, 윤리적 문제, 그리고 정부 규제 마련에 대해 설명하고 있다. 따라서 "자율주행 기술의 미래"가 가장 적절한 주제이다.

14. 다음 글의 내용과 일치하지 않는 것은?

국립 과학 박물관(National Science Museum)은 화요일부터 일요일까지 오전 10시부터 오후 6시까지 운영됩니다. 월요일과 추수감사절에는 휴관합니다. 방문객들은 공식 웹사이트에서 온라인으로 티켓을 구매할 수 있으며, 결제 후 확인 이메일이 전송됩니다. 입장 시 출력된 문서 또는 모바일 기기에서 확인서를 제시하셔야 합니다.

• 온라인 티켓: museumtickets.nationalscience.org

국립 과학 박물관과 우주 탐사 센터는 각각 $15.00의 별도 입장료가 부과됩니다. 방문객들은 플라네타리움(천체 투영관) 및 인터랙티브 전시 티켓을 메인 카운터에서 구매 가능합니다.

• 휴관일: 월요일 및 추수감사절

방문객들은 연구 목적으로 과학 아카이브를 무료로 이용할 수 있습니다. 하지만 특수 장비 사용은 사전 예약이 필요합니다.

추가 문의 사항은 1 (888) 222-5678로 연락 바랍니다.

① Digital or printed confirmation is required for entry.
   입장을 위해 디지털 또는 인쇄된 확인서가 필요하다.
② Planetarium tickets are sold at the entrance counter.
   플라네타리움 티켓은 입구 카운터에서 판매된다.
③ Visitors must pay a fee to access the Science Archives.
   방문객은 과학 아카이브 이용 시 요금을 지불해야 한다.
④ The museum does not operate on Mondays.
   박물관은 월요일에 운영하지 않는다.

글에서 "There is no charge for visitors accessing the Science Archives"(과학 아카이브 이용은 무료)라고 명시되어 있다. ③번 "방문객은 과학 아카이브 이용 시 요금을 지불해야 한다."는 글의 내용과 일치하지 않는다.

15. 다음 글의 요지로 가장 적절한 것은?

우주 과학 발전
국제 우주 연구 기관(ISRI)은 지구 너머의 과학적 탐사를 주도하는 기관이다. 이 기관은 전 세계 우주 관련 기관과 협력하여 심우주 탐사 및 위성 배치 기술을 개발하고 있다.

화성과 그 너머
ISRI의 주요 목표 중 하나는 화성 연구이다. 과학자들은 토양 샘플과 대기 상태를 분석하여 인간 정착 가능성을 평가하며, 연구 임무를 통해 향후 탐사에 필요한 중요한 데이터를 수집한다.

또한, ISRI는 망원경과 우주 관측소를 운영하여 먼 은하들을 연구한다. 이러한 프로젝트는 우주에 대한 인간의 지식을 확장하고, 지구에 영향을 미칠 수 있는 우주적 사건을 예측하는 데 기여한다.

① ISRI mainly focuses on Earth-based weather research.
   ISRI는 주로 지구 기반 기상 연구에 집중한다.
② ISRI studies Mars and other space phenomena.
   ISRI는 화성과 기타 우주 현상을 연구한다.
③ ISRI collaborates with local researchers.
   ISRI는 지역 연구원들과 협력한다.
④ ISRI studies galaxies outside the solar system.
   ISRI는 태양계 밖의 은하를 연구한다.

이 글은 ISRI가 화성 연구, 심우주 탐사, 그리고 먼 은하 관측 등의 활동을 수행하는 기관임을 설명하고 있다. 따라서 ②번 "ISRI는 화성과 기타 우주 현상을 연구한다."라는 선택지가 가장 적절하다.

16. 다음 글의 흐름상 어색한 문장은?

> 기술은 현대 사회에서 우리의 의사소통 방식을 변화시켰다. ① 소셜 미디어 플랫폼은 거리와 상관없이 사람들이 연락을 유지할 수 있도록 해준다. ② 스마트폰은 정보에 즉시 접근할 수 있도록 하며, 온라인 상호작용을 촉진한다. ③ 화상 통화는 비즈니스 회의 및 원격 근무를 위한 일반적인 방법이 되었다. ④ 이메일은 과거에 직장 내에서 널리 사용되었지만, 이제 많은 기업이 인스턴트 메시징과 협업 도구를 더 많이 활용하면서 다소 구식이 되어가고 있다. 디지털 커뮤니케이션의 발전은 계속해서 인간의 상호작용을 변화시키고 있다.

지문은 기술이 현대 사회에서 커뮤니케이션 방식을 변화시키는 방식에 초점을 맞추고 있다. ①, ②, ③ 문장은 모두 현재 디지털 커뮤니케이션의 발전과 그 역할을 설명하고 있으나, ④번 문장은 이메일이 "과거"에는 널리 사용되었지만 이제는 점차 인스턴트 메시징과 협업 도구로 대체되고 있다는 점을 강조하고 있다. 본문의 흐름은 주로 현재 사용되고 있는 디지털 커뮤니케이션 수단(소셜 미디어, 스마트폰, 화상 통화)에 초점을 맞추고 있기 때문에, 이메일이 "구식이 되어가고 있다"는 내용은 문맥에서 다소 벗어난다.

17. 주어진 문장이 들어갈 위치로 가장 적절한 것은?

> 의류의 대량 생산은 상당한 양의 물, 화학 물질, 에너지 사용을 필요로 하며, 이는 폐기물과 오염을 초래한다.

> 패션 산업은 환경 오염의 가장 큰 원인 중 하나이다. (①) 이에 대한 대응으로, 지속 가능한 패션 개념이 소비자와 디자이너 사이에서 점점 주목받고 있다. (②) 현재 많은 브랜드가 재활용 소재와 친환경 생산 공정을 활용하여 환경적 영향을 줄이려 하고 있다. (③) 지속 가능한 패션은 또한 윤리적인 노동 환경을 조성하고 천연 자원에 대한 피해를 최소화하는 것을 목표로 한다. (④) 사람들이 지속 가능한 패션에 대한 인식을 높여감에 따라, 중고 의류 쇼핑이나 지속 가능한 브랜드를 지지하는 움직임이 확산되고 있다.

주어진 문장은 의류의 대량 생산이 환경에 미치는 부정적인 영향(오염, 자원 낭비 등)을 설명하고 있다. 이 문장은 패션 산업이 환경 오염에 기여하는 원인을 설명하는 역할을 하므로, 이를 도입부에 배치하는 것이 가장 적절하다. 그러므로 ①에 주어진 문장을 넣으면 자연스러운 흐름이 완성된다.

18. 주어진 글 다음에 이어질 글의 순서로 가장 적절한 것은?

> 고양이는 문 앞에 앉아 있었고, 초록빛 눈으로 조용히 나를 바라보았다. 울거나 문을 긁지도 않았다. 그저 기다릴 뿐이었다.

> (A) 나는 한숨을 쉬고 일어섰다. '알겠어.' 나는 중얼거리며 안으로 들어갔다. 잠시 후, 나는 작은 우유 그릇을 들고 돌아와 그것을 바닥에 놓았다.
> (B) 나는 예전에 그 고양이를 본 적이 있었다. 골목 근처에서 서성이는 모습이었지만, 이렇게 가까이 온 적은 없었다. 예전보다 훨씬 마르고 털도 거칠어 보였다.
> (C) 천천히 몸을 숙이고 손을 내밀었다. 고양이는 조심스럽게 냄새를 맡은 뒤 머리를 내 손에 부드럽게 비볐다.

① (A) - (B) - (C)
② (A) - (C) - (B)
③ (B) - (A) - (C)
④ (C) - (B) - (A)

글의 논리적 흐름을 고려할 때, 고양이와 주인공 사이의 상호작용이 점진적으로 발전하는 순서로 배열하는 것이 자연스럽다. (C)에서 주인공이 먼저 다가가 손을 내밀고, 고양이가 반응하는 장면이 나온다.
(B)에서는 주인공이 예전에 이 고양이를 본 적이 있었음을 회상하는 장면이 나온다.
(A)에서 주인공이 결국 고양이를 받아들이고, 안으로 들어가 우유를 가져오는 장면이 등장한다.

[19~20]. 밑줄 친 부분에 들어갈 말로 가장 적절한 것을 고르시오.

19.
> 보건 의료와 생활 수준이 발전하면서, 전 세계 인구의 고령화 속도가 전례 없이 빠르게 진행되고 있다. 기대 수명이 증가함에 따라, 사회는 연금 제도의 지속 가능성, 노동력 부족 등 고령화 인구와 관련된 경제적·사회적 문제를 해결해야 한다. 많은 국가에서는 출산율을 높이거나 정년 연장을 장려하는 정책을 도입하고 있다. 그러나 이러한 노력에도 불구하고, _____, 장기적인 안정을 위해 혁신적인 해결책이 필요하다.

① younger generations are unaffected
   젊은 세대는 영향을 받지 않는다
② retirement systems are becoming obsolete
   연금 시스템이 사라지고 있다
③ aging populations remain a major issue
   고령화 인구 문제는 여전히 주요한 이슈로 남아 있다
④ healthcare is shortening lifespans
   보건 의료가 수명을 단축하고 있다

본문은 세계 인구 고령화가 심화되면서 발생하는 문제를 설명하고 있다. (첫 번째 문장: 인구 고령화가 빠르게 진행되고 있음을 강조. 두 번째 문장: 고령화로 인한 주요 경제·사회 문제(연금 지속 가능성, 노동력 부족 등)를 설명. 세 번째 문장: 출산율 증가 및 정년 연장과 같은 해결책을 소개. 마지막 문장: 그러나 이러한 노력에도 불구하고, 고령화 문제는 여전히 해결되지 않았으며, 지속적인 해결책이 필요하다는 점을 강조.) 따라서, 가장 적절한 답은 ③ "aging populations remain a major issue" (고령화 인구 문제는 여전히 주요한 이슈로 남아 있다) 이다.

20.
> 많은 사람들은 위대한 리더가 타고난 능력을 가지고 있으며, 본능적으로 다른 사람들을 영감시키고 관리할 수 있다고 생각한다. 그러나 연구에 따르면 리더십은 경험, 자기 성찰, 그리고 타인으로부터 배우는 과정을 통해 개발될 수 있는 기술이다. 진정한 리더는 권위에만 의존하지 않고, 일관된 행동, 명확한 의사소통, 그리고 타인을 동기 부여하는 능력을 통해 신뢰를 구축한다. 실패를 외부 환경이나 다른 요인의 탓으로 돌리고 싶은 유혹이 있을 수도 있지만, 강한 리더는 도전이 불가피하다는 것을 이해한다. 좋은 리더는 어려운 결정을 피하는 대신, _____에 집중하여 실패를 성장의 기회로 전환한다.

① taking responsibility and finding solutions
   책임을 지고 해결책을 찾는 것
② avoiding decisions to prevent mistakes
   실수를 방지하기 위해 결정을 피하는 것
③ shifting blame to team members
   실패를 팀원들에게 전가하는 것
④ disregarding feedback from others
   다른 사람들의 피드백을 무시하는 것

본문은 강한 리더십의 핵심 요소에 대해 설명하며, 좋은 리더는 실패를 외부 환경이나 타인의 탓으로 돌리지 않고, 도전이 불가피하다는 것을 이해해야 한다고 강조한다. 그러므로 리더가 해야 할 일은 책임을 지고, 문제를 해결하는 데 집중하는 것이다. 마지막 문장에서 "setbacks become opportunities for growth" (실패를 성장의 기회로 만든다) 라고 언급되어 있으므로, ① "taking responsibility and finding solutions" (책임을 지고 해결책을 찾는 것) 이 가장 적절한 선택지이다.

영 어

[1~3] 밑줄 친 부분에 들어갈 말로 가장 적절한 것을 고르시오.

1. 선생님은 과제를 제시간에 완료하는 것의 _____을 강조하셨다.

   ① relaxation (여유)
   ② consideration (고려)
   ③ urgency (긴급성)
   ④ confusion (혼란)

   문장은 과제를 제시간에 끝내는 것의 중요성을 강조했다는 뜻이다. 여기서 적합한 단어는 "urgency"(긴급성)이다.

2. 새로운 기술은 제조 과정의 효율성을 _____기 위해 설계되었다.

   ① hinder (방해하다)
   ② boost (향상시키다)
   ③ neglect (무시하다)
   ④ restrict (제한하다)

   문장은 새로운 기술이 효율성을 향상시키기 위해 설계되었다는 뜻이다. 여기서 적합한 단어는 "boost"(증가시키다)다.

3. 만약 팀이 더 많은 시간을 _____면, 그들은 프로젝트를 성공적으로 완료할 수 있었을 것이다.

   ① has
   ② had
   ③ had had (가지다)
   ④ will have

   문장은 가정법 과거완료를 사용한 문장이다. 따라서 과거에 더 많은 시간이 있었다면 성공했을 것이라는 뜻이므로 "had had"가 적합하다.

[4~5] 밑줄 친 부분 중 어법상 옳지 않은 것을 고르시오.

4. 적절한 시간 관리는 목표를 달성하는 데 필수적이다. 효과적으로 계획함으로써, 업무를 더 효율적으로 완료하고, 불필요한 스트레스를 피하며 전반적인 생산성을 향상시킬 수 있다. 이는 개인 및 직업적 삶 모두에 이익이 된다.

   ② more efficient (→ more efficiently)

   "you can complete tasks more efficient"라는 표현에서 efficient는 형용사로 쓰였지만, 동사 "complete"를 수식하려면 부사인 efficiently가 와야 한다.

5. 지역 제빵점은 갓 구운 빵으로 유명하며, 이는 현지인과 관광객 모두에게 사랑받고 있다. 또한 매일 신선한 재료를 사용해 만들어진 다양한 페이스트리를 제공하며, 고객들에게 최고의 품질을 보장한다. 이 제빵점은 수년 동안 지역 사회의 사랑을 받아왔다.

   ② are loved (→ is loved)

   문장에서 "The local bakery is famous for its freshly baked bread, which are loved by both locals and tourists alike."라고 되어 있는데, 여기서 "bread"는 단수 명사로 사용되고 있다. 따라서 "are loved"가 아니라 "is loved"가 와야 문법적으로 맞다.

[6~7] 밑줄 친 부분에 들어갈 말로 가장 적절한 것을 고르시오.

6. A: 주말에 탈 새 자전거를 사려고 해.
   B: 재밌겠다! 특정한 종류 생각해 둔 거 있어?
   A: 포장도로에서 탈 거라 로드바이크를 살까 생각 중이야.
   B: 좋은 선택이야. 예산은 어느 정도 생각 있어?
   A: 500~700달러 정도. 좋은 가게 알고 있어?
   B: 시내에 자전거 가게가 하나 있는데, 선택의 폭이 넓어.
   A: 거기서 유지보수 서비스도 해주는지 알아?
   B: _____
   A: 완벽하네. 이번 주말에 가볼게.

   ① No, they don't sell bikes or provide maintenance.
      아니, 자전거도 안 팔고 유지보수도 안 해.
   ② You'll need to fix everything yourself.
      모든 걸 직접 고쳐야 해.
   ③ Yes, they offer free maintenance for the first year.
      응, 첫 1년 동안 무료 유지보수 서비스 해줘.
   ④ No, they only sell parts, not full bikes.
      아니, 부품만 팔고 완성된 자전거는 안 팔아.

   A가 "Do you know if they offer any maintenance services?"라고 질문했으므로, 이에 대한 B의 적절한 답변은 그들이 유지보수 서비스를 제공하는지에 대한 정보를 제공하는 것이다. 이어지는 "Perfect. I'll visit them this weekend."이라는 반응과 자연스럽게 연결된다.

7. Sarah Parker
   안녕하세요, 가족 여행을 위해 호텔 방을 예약하고 싶습니다.
   7:07

   John Smith
   문의해 주셔서 감사합니다. 저희는 싱글룸부터 가족 스위트룸까지 다양한 옵션을 제공합니다.
   7:07

   Sarah Parker
   좋네요. 다음 달에 4명이 함께 사용할 가족 스위트룸이 필요하며, 3박 동안 머물 예정입니다.
   7:07

   John Smith
   _____
   7:08

   Sarah Parker
   네, 차량 한 대를 주차해야 합니다.
   7:08

   John Smith
   알겠습니다. 예약을 확인한 후 자세한 내용을 보내드리겠습니다.
   7:08

   ① Can I get your email adress please?
      이메일 주소를 알려주시겠어요?
   ② Do you need any other additional service?
      추가 서비스가 필요하신가요?
   ③ Could you confirm the exact dates of your stay?
      숙박하실 정확한 날짜를 확인해 주실 수 있나요?
   ④ What time will you check in?
      몇 시에 체크인하실 건가요?

   Sarah의 답변이 "Yes, we'll need parking for one vehicle."라는 점에서, John이 주차 서비스와 같은 추가적인 요청 사항을 물었을 가능성이 높다. 따라서 "Do you need any other additional service?"라는 질문이 자연스럽고 문맥에 맞다.

[8~9] 다음 글을 읽고 물음에 답하시오.

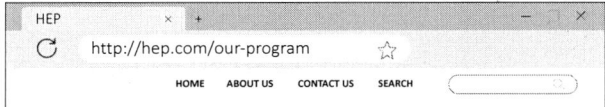

Healthy Eating Program

사명
Healthy Eating Program은 균형 잡힌 영양에 대한 인식을 높이고, 사람들이 더 건강한 음식 선택을 할 수 있도록 지원하는 것을 목표로 합니다. 워크숍과 지역 사회 행사 등을 통해 과일, 채소, 통곡물, 저지방 단백질을 식단에 포함시키는 것의 중요성을 교육합니다.

비전
모두가 영양가 있는 음식을 이용할 수 있고, 식단이 만성 질환 예방과 건강 유지에 미치는 영향을 이해하는 사회를 꿈꿉니다. 우리의 목표는 정보에 기반한 식습관 문화를 육성하여 삶의 질을 향상시키는 것입니다.

핵심 가치
· 교육: 우리는 건강한 식습관에 대한 지식을 널리 알립니다.
· 접근성: 우리는 영양 가이드와 자원이 모든 사람에게 제공되도록 보장합니다.
· 지속 가능성: 우리는 더 나은 건강을 위해 장기적인 식단 변화를 권장합니다.

8. 윗글에서 Healthy Eating Program에 관한 내용과 일치하는 것은?

① It educates people on the importance of a balanced diet.
   균형 잡힌 식단의 중요성을 사람들에게 교육한다.
② It discourages the consumption of fruits and vegetables.
   과일과 채소 섭취를 억제한다.
③ It focuses solely on restricting calories.
   칼로리 제한에만 집중한다.
④ It avoids discussing chronic illnesses.
   만성 질환에 대해 논의하지 않는다.

지문에서는 Healthy Eating Program이 균형 잡힌 영양의 중요성을 알리고, 더 건강한 식습관을 장려한다고 설명하고 있다. 따라서 ①번이 가장 적합하다.

9. 밑줄 친 incorporating의 의미와 가장 가까운 것은?

① ignoring (무시하다)
② excluding (배제하다)
③ replacing (대체하다)
④ including (포함하다)

문장에서 "incorporating fruits, vegetables, whole grains, and lean proteins into their meals"는 "포함하다"라는 뜻으로 사용되었다. 따라서 "including"(포함하다)가 가장 적합하다.

[10~11] 다음 글을 읽고 물음에 답하시오.

(A)

여러분의 동네 근처에 있는 습지는 홍수를 예방하고 생물 다양성을 지원하는 데 중요한 역할을 합니다.

하지만 오염과 도시 개발로 인해 이 필수 생태계가 위협받고 있습니다.

이 문제를 해결하기 위해, Wetlands Conservation Group은 커뮤니티가 보존 활동에 어떻게 참여할 수 있는지에 대한 정보를 제공하는 설명회를 개최합니다. 이 행사에서는 현재의 정책과 습지 보호를 위한 미래 계획에 대해서도 논의할 예정입니다.

누가 습지가 없는 동네에 살고 싶어할까요?

후원: Wetlands Conservation Group

· 장소: 커뮤니티 센터, Room A
· 날짜: 2025년 9월 10일 일요일
· 시간: 오후 1시

더 자세한 내용은 www.wetlandsconservationgroup.org 를 방문하시거나 (432) 345-6789로 문의하세요.

10. (A)에 들어갈 윗글의 제목으로 가장 적절한 것은?

① Local Wetlands: A Community Resource
   지역 습지: 커뮤니티 자원
② Community Involvement in Wetland Conservation
   습지 보존에 대한 지역 사회 참여
③ Importance of Wetland Conservation
   습지 보존의 중요성
④ Thriving Wetlands for All
   모두를 위한 번영하는 습지

지문에서 "how the community can get involved in conservation efforts"라는 문장이 명확히 언급되고 있다. 즉, 이 행사의 초점은 커뮤니티의 참여를 통해 습지를 보호하는 방법에 있다. 따라서 ②번이 가장 적절한 제목이다.

11. 위 안내문의 내용과 일치하지 않는 것은?

① 지역 대표들의 보존 노력이 중요하다.
② 지역의 습지는 홍수를 예방한다.
③ 행사는 정책보다는 교육에 초점을 맞춘다.
④ 행사 장소는 커뮤니티 센터의 Room A이다.

지문에서는 "The event will also include a discussion on current policies and future plans for protecting the wetlands"라고 명시하고 있다. 즉, 이 행사는 정책(current policies)과 미래 계획(future plans)을 논의하는 데 초점이 맞춰져 있다. 따라서 "정책보다는 교육에 초점을 맞춘다"는 내용은 잘못된 설명이다.

12. 다음 글의 목적으로 가장 적절한 것은?

	Send　Preview　Save
To	subscribers@sleepwell.com
From	support@sleepwell.com
Date	May 2, 2025
Subject	Important notice
	My PC　Browse

친애하는 고객님들께,

좋은 수면은 건강에 필수적입니다. 수면 부족은 스트레스, 피로, 건강 문제를 유발할 수 있습니다. 더 나은 수면을 위해 다섯 가지 간단한 팁을 공유합니다.

1. 주말에도 일정한 수면 시간을 유지하세요.
2. 취침 전 카페인과 과식을 피하세요.
3. 독서나 명상과 같은 편안한 루틴을 만드세요.
4. 침실을 시원하고, 어둡고, 조용하게 유지하세요.
5. 잠자기 전 최소 1시간 동안 화면 사용을 줄이세요.

더 많은 수면 팁을 원하시면 웹사이트를 방문하세요. 편안한 수면 환경을 조성하는 방법과 전문가 조언을 확인할 수 있습니다. 작은 습관 변화가 에너지와 집중력을 향상시키고, 전반적인 건강을 개선하는 데 큰 도움이 될 수 있습니다.

진심을 담아,
SleepWell 팀 드림

① to promote a new mattress for better sleep
　더 나은 수면을 위한 새로운 매트리스 홍보하기
② to provide tips on improving sleep quality
　수면의 질을 향상시키는 방법 제공하기
③ to recommend sleep supplements for relaxation
　휴식을 위한 수면 보충제 추천하기
④ to advertise a sleep tracking app for customers
　고객을 위한 수면 추적 앱 광고하기

이 이메일은 구독자들에게 수면의 질을 개선하는 방법을 안내하는 목적을 가지고 있다. "수면의 질을 향상시키는 방법 제공하기"가 가장 적절한 정답이다.

13. 다음 글의 주제로 가장 적절한 것은?

해양 오염은 전 세계 해양 생물과 생태계를 위협하는 환경 위기로 점점 더 심각해지고 있다. 화학물질 유출과 기름 유출이 바다를 오염시키며, 물고기, 바닷새, 산호초에 피해를 준다. 과학자들은 매년 수백만 톤의 플라스틱이 바다로 유입된다고 추정한다. 이 문제를 해결하기 위해, 정부는 플라스틱 생산에 대한 규제를 강화하고 있으며, 기업들은 생분해성 대체 물질을 개발하고 있다. 그러나 전문가들은 해양 오염을 장기적으로 줄이기 위해서는 대중의 인식 제고와 재활용 참여가 필수적이라고 강조하고 있다.

① importance of deep-sea exploration
　심해 탐사의 중요성
② dangers of plastic pollution in oceans
　해양 플라스틱 오염의 위험성
③ how oil spills impact global trade
　기름 유출이 글로벌 무역에 미치는 영향
④ benefits of coral reef conservation
　산호초 보호의 이점

이 글은 해양 오염, 특히 플라스틱 오염과 그 영향, 해결 방안(정부 규제, 생분해성 제품 개발, 대중 참여 필요성)을 설명하고 있다. 따라서 "해양 플라스틱 오염의 위험성"이 가장 적절한 주제이다.

14. 다음 글의 내용과 일치하지 않는 것은?

그랜드 국립 도서관(Grand National Library)은 일주일 내내 운영되며, 운영 시간은 4월10월: 오전 8시 30분오후 9시 / 11월3월: 오전 9시오후 6시입니다. 방문객들은 온라인을 통해 사전 예약하여 열람실을 이용할 수 있습니다. 예약이 완료되면 확인 이메일이 전송되며, 도착 시 디지털 또는 출력된 형태로 제시해야 합니다.

• 온라인 티켓: libraryaccess.grandnational.org

그랜드 국립 도서관과 역사 기록실은 별도의 입장료가 부과되며, 표준 요금은 $8.00이다. 희귀 필사본 컬렉션 투어 티켓은 접수 데스크에서 구매 가능하다.

• 휴관일: 현충일, 크리스마스, 신년

도서관의 디지털 연구 자료는 무료로 이용할 수 있지만, 물리적 아카이브를 열람하는 방문객은 사전 승인을 받아야 합니다.

추가 문의 사항은 1 (800) 444-7891로 연락 바랍니다.

① Tickets for manuscript tours are available at reception
　희귀 필사본 투어 티켓은 접수처에서 구매할 수 있다.
② Access to the Historical Archives Room requires a fee.
　역사 기록실 이용에는 요금이 부과된다.
③ Digital research materials can be accessed for free.
　디지털 연구 자료는 무료로 이용할 수 있다.
④ Visitors cannot book reading rooms beforehand.
　방문객은 사전에 열람실을 예약할 수 없다.

글에서 "Visitors can reserve reading rooms in advance through the link below."(방문객들은 아래 링크를 통해 사전에 열람실을 예약할 수 있음)이라고 명확히 설명되어 있다. ④번 "방문객은 사전에 열람실을 예약할 수 없다."는 일치하지 않는다.

15. 다음 글의 요지로 가장 적절한 것은?

글로벌 의료 발전
의료 혁신 센터(Center for Medical Innovation, CMI)**는 의료 연구를 통해 의료 서비스를 발전시키는 데 전념하는 기관이다. 이 기관은 새로운 치료법 개발, 수술 기술 개선, 환자 치료 향상을 위한 프로젝트에 자금을 지원한다.

의학에서의 유전자 연구
CMI는 유전자 의학 연구를 지원하며, 과학자들은 DNA 변형 기술을 연구하여 유전 질환을 치료하고, 생명을 위협하는 질환을 사전에 예방할 가능성을 연구하고 있다.

연구 외에도, CMI는 병원 및 대학과 협력하여 의료 교육을 제공한다. 또한 과학자들 간의 지식 교류를 촉진하여 새로운 치료법 개발 속도를 가속화하는 역할을 한다.

① CMI actively supports research in rare diseases.
　CMI는 희귀 질환 연구를 적극 지원한다.
② CMI collaborates with local hospitals and schools.
　CMI는 지역 병원 및 학교와 협력한다.
③ CMI mainly focuses on surgical advancements.
　CMI는 주로 수술 기술 발전에 집중한다.
④ CMI develops treatments and supports research.
　CMI는 치료법을 개발하고 연구를 지원한다.

이 글은 CMI가 의료 연구를 통해 새로운 치료법을 개발하고, 유전자 연구를 지원하며, 병원 및 대학과 협력하는 기관임을 설명하고 있다. 따라서 ④번 "CMI는 치료법을 개발하고 연구를 지원한다."라는 선택지가 가장 적절하다.

16. 다음 글의 흐름상 어색한 문장은?

독서는 인지적, 정서적으로 많은 이점을 제공한다. ① 독서는 어휘력을 향상시키고 이해력을 높이며, 복잡한 정보를 처리하는 능력을 키운다. ② 소설을 읽으면 다양한 관점을 경험할 수 있으며, 이를 통해 공감 능력과 인간 감정에 대한 깊은 이해를 발전시킬 수 있다. ③ 영화를 통해서도 유사한 경험을 할 수 있으며, 시각적으로 더욱 몰입할 수 있고 시간도 절약할 수 있다. ④ 규칙적인 독서는 스트레스를 줄이고 집중력을 향상시키며, 정신 건강에 유익한 습관이 될 수 있다. 독서 습관을 기르면 개인적인 성장과 지적 발전을 촉진할 수 있다.

이 글의 중심 주제는 독서의 인지적·정서적 이점에 대해 설명하는 것이다. ①, ②, ④번 문장은 모두 독서의 긍정적인 효과(어휘력 향상, 공감 능력 증가, 스트레스 감소 등)에 대해 서술하고 있다. 하지만 ③번 문장은 독서가 아닌 "영화"에 대한 내용을 포함하고 있어, 본문의 흐름에서 벗어난다. 즉, ③번 문장은 "독서의 장점"을 설명하는 다른 문장들과 달리, 독서가 아닌 영화가 독서의 대체재가 될 수 있음을 언급하고 있어 문맥적으로 어색하다.

17. 주어진 문장이 들어갈 위치로 가장 적절한 것은?

이러한 영화들은 주류 영화에서는 잘 다루어지지 않는 신선한 시각을 제공하며, 종종 사회적 이슈나 독창적인 스토리텔링을 다룬다.

영화 산업은 기술 발전과 문화적 변화의 영향을 받아 수년 동안 상당한 변화를 겪어왔다. (①) 대형 스튜디오가 대규모 예산을 들여 박스오피스를 장악하는 반면, 독립 영화는 독창적인 내러티브와 예술적 창의성으로 인정받고 있다. (②) 그 결과, 독립 영화 제작자들은 종종 논란이 되는 주제를 다루거나 실험적인 스토리텔링 기법을 활용하여 자신들의 작품을 차별화하려 한다. (③) 스트리밍 플랫폼의 부상으로 인해, 독립 영화는 이제 더 넓은 관객층에게 접근할 수 있게 되었다. (④) 이러한 변화는 다양한 배경을 가진 영화 제작자들이 그들의 이야기를 더 많은 시청자들과 공유할 수 있도록 만들었다.

주어진 문장은 독립 영화가 주류 영화에서 다루지 않는 시각과 사회적 이슈, 실험적 스토리텔링을 반영한다는 내용을 포함하고 있는데, ②번 뒤에 바로 "독립 영화 제작자들이 논란이 되는 주제를 다루거나 실험적 스토리텔링을 활용한다"는 내용을 설명하고 있다. 따라서, 주어진 문장이 가장 자연스럽게 들어갈 위치는 ②번이 된다.

18. 주어진 글 다음에 이어질 글의 순서로 가장 적절한 것은?

나는 먼지 쌓인 책장을 손가락으로 더듬으며, 뭔가 다른 감촉을 느끼고 멈춰 섰다. 얇은 가죽 제본된 책 한 권이 나머지 책들보다 살짝 튀어나와 있었다.

(A) 조심스럽게 그것을 꺼냈다. 예상보다 무거웠고, 표지의 제목은 거의 희미해져 있었다.
(B) 호기심이 나를 압도했다. 나는 주변을 둘러본 뒤, 책을 열었다. 가슴이 두근거렸다.
(C) 책장을 넘기던 중, 나는 이상한 것을 발견했다. 페이지 사이에 낡고 누렇게 변색된 편지가 끼워져 있었다.

① (A) - (C) - (B)
② (B) - (A) - (C)
③ (C) - (A) - (B)
④ (C) - (B) - (A)

먼저 책을 꺼내는 행동(A)이 첫 번째로 온다. 책을 꺼낸 후, 책을 넘기면서 책 속에서 편지를 발견하는 순간 (C)이 이어진다. (B)에서는 주인공이 편지에 호기심을 느끼고, 가슴이 두근거리는 감정을 표현하고 있다.

[19~20]. 밑줄 친 부분에 들어갈 말로 가장 적절한 것을 고르시오.

19.

식물성 식단은 최근 몇 년 동안 건강, 윤리, 환경적 이유로 인해 인기를 얻고 있다. 많은 사람들이 육류 소비를 줄이고 식물성 대체 식품을 선택하고 있으며, 이는 심장병 위험을 낮추고 탄소 배출량을 줄이는 데 도움을 줄 수 있다. 이에 식품업계도 반응하여 더 다양한 식물성 제품을 출시하고 있다. 그러나 이러한 추세에도 불구하고, _____, 일부 소비자들은 여전히 맛, 비용, 영양 균형과 관련하여 망설이고 있기 때문이다.

① fewer people follow vegetarian diets
채식주의 식단을 따르는 사람이 줄어들고 있다
② plant-based meals have fully replaced old ones
식물성 식단이 기존 식단을 완전히 대체했다
③ challenges to wider adoption remain
더 널리 확산되는 데 여전히 과제가 남아 있다
④ meat production remains unaffected
육류 생산에는 영향이 없다

본문은 식물성 식단이 증가하는 추세이지만, 여전히 확산에 장애물이 존재한다는 논리를 완성해야 한다. 앞부분에서는 식물성 식단이 점점 더 인기를 얻고 있으며, 많은 소비자들이 육류 소비를 줄이고 있다는 점을 강조하고 있다. 하지만, 문장의 마지막 부분에서는 일부 소비자들이 맛, 가격, 영양 균형 등의 이유로 여전히 주저하고 있음을 설명한다. 따라서, "challenges to wider adoption remain" (더 널리 보급되는 데 여전히 과제가 남아 있다) 라는 문장이 논리적으로 가장 자연스럽다.

20.

창의성은 종종 소수의 사람들만이 가진 특별한 재능으로 오해받는다. 그러나 심리학 및 신경과학 연구에 따르면, 창의성은 타고난 특성이 아니라 연습과 다양한 아이디어에 대한 노출을 통해 길러질 수 있는 기술이다. 창의적인 사람들은 단순히 영감이 떠오르기를 기다리는 것이 아니라 새로운 관점을 탐구하고, 호기심을 갖고, 위험을 감수하는 사람들이다. 많은 획기적인 아이디어들은 서로 관련이 없어 보이는 개념 간의 연결을 통해 탄생한다. 진정한 창의성은 _____, 사람들은 신선한 통찰력과 혁신적인 해결책으로 문제를 접근할 수 있다.

① follow strict rules without deviation
엄격한 규칙을 따르고 벗어나지 않는다
② seek out diverse perspectives and experiences
다양한 관점과 경험을 찾는다
③ avoid taking risks or making mistakes
위험을 감수하거나 실수를 피한다
④ limit their thinking to conventional solutions
생각을 기존의 해결책으로만 제한한다

이 글의 핵심 내용은 창의성이 타고나는 것이 아니라, 다양한 경험과 관점의 노출을 통해 개발될 수 있는 기술이라는 점이다. 본문에서 창의적인 사람들의 특징을 강조하며, 그들은 단순히 영감을 기다리지 않고, 새로운 관점을 탐구하며 호기심을 가지고 위험을 감수한다고 설명하고 있다. 또한, 혁신적인 아이디어는 서로 관련 없어 보이는 개념들을 연결하는 과정에서 탄생한다고 설명한다. 따라서, 창의성을 키우기 위해 중요한 것은 "다양한 관점과 경험을 탐색하는 것"이므로, 정답은 ②번이 가장 적절하다.

영 어

[1~3] 밑줄 친 부분에 들어갈 말로 가장 적절한 것을 고르시오.

1. 건축가의 건물 디자인은 현대적 스타일과 전통적 스타일의 _____ 한 조화로 칭찬받았다.

   ① seamless (매끄러운)
   ② awkward (어색한)
   ③ inconsistent (일관되지 않은)
   ④ unfamiliar (익숙하지 않은)

   문장에서 "blend of modern and traditional styles"는 현대적 스타일과 전통적 스타일의 조화를 칭찬한 내용이다. 여기서 "seamless"는 매끄러운, 이질감 없는이라는 뜻으로, 문맥에 가장 적합하다.

2. 정부는 농촌 지역의 빈곤을 _____ 는 프로그램을 도입했다.

   ① increasing (증가시키는)
   ② confirming (확인하는)
   ③ ignoring (무시하는)
   ④ reducing (감소시키는)

   문장에서 "aimed at _____ poverty in rural areas"는 "농촌 지역의 빈곤을 줄이기 위한"이라는 뜻이다. 따라서 "reducing"(줄이는 것)이 적합하다.

3. 정부가 더 엄격한 배출 규제를 _____ 면, 대기 질이 크게 개선될 것이다.

   ① enforces
   ② enforced
   ③ enforce (시행하다)
   ④ enforcing

   "Should the government enforce"는 조건문에서 사용되는 도치 구조이다. 이는 "If the government enforces stricter regulation..."(정부가 더 엄격한 규정을 시행한다면)과 같은 뜻으로, "Should" 뒤에는 항상 동사 원형이 와야 한다.

[4~5] 밑줄 친 부분 중 어법상 옳지 않은 것을 고르시오.

4. 이 계획은 10년 이내에 탄소 배출량을 50% 줄이는 것을 목표로 한다. 여기에는 재생 가능 에너지에 투자하고, 지속 가능한 관행을 장려하며, 기업들이 더 친환경적인 기술을 채택하도록 권장하는 조치들이 포함된다.

   ④ adoping (→ to adopt)

   문장에서 "encouraging businesses" 뒤에는 to 부정사가 와야 한다. 따라서 "adopting" 대신 "to adopt"가 와야 한다. "encourage"는 특정 행동을 권장하다는 의미를 가진 동사로, 뒤에 목적어와 함께 to 부정사를 사용한다.

5. 이 프로젝트는 예정보다 일찍 완료되었고, 팀은 그들의 노력에 대해 칭찬받았다. 그런데 남아 있는 문제를 해결하려면 추가 자원이 필요될 것으로 예상된다, 이것이 미래 진행을 지연시킬 수도 있다.

   ③ are needed (→ will be needed)

   "it is expected that"은 미래를 예상하는 표현이므로, 그 뒤에 오는 동사도 미래 시제를 사용하는 것이 자연스럽다. 따라서 "are needed" 대신 "will be needed"가 와야 문법적으로 더 적합하다.

[6~7] 밑줄 친 부분에 들어갈 말로 가장 적절한 것을 고르시오.

6. A: 집 근처에 있는 헬스장에 가입하고 싶어요.
   B: 좋아요! 집 근처나 직장 근처 중 어디가 더 편하세요?
   A: 집 근처가 더 편할 것 같아요.
   B: 집에서 5분 거리에 지점이 있습니다. 먼저 투어를 하시겠어요?
   A: 네, 그러면 좋을 것 같아요.
   B: 어떤 멤버십을 고려하고 계세요?
   A: _____
   B: 알겠습니다. 관련 정보를 준비하겠습니다.

   ① I'm not interested in joining any gym.
   헬스장에 가입할 생각이 없어요.
   ② I'd like a monthly membership for now.
   우선 월 단위 멤버십으로 하고 싶어요.
   ③ I'd prefer a location far away.
   먼 곳 지점을 선호해요.
   ④ I need personal training instead.
   대신 개인 트레이닝이 필요해요.

   문맥상 B의 질문 "What type of membership are you considering?"에 대해 A가 대답해야 하므로, "월 단위 멤버십"을 고려하고 있다고 대답하는 ②번이 가장 적절하다.

7. **Nicole Freeman**
   안녕하세요, 이벤트 홀을 대여하고 싶어서 연락드렸습니다.
   11:41

   Zach Whishaw
   물론입니다. 행사 규모에 따라 다양한 옵션을 제공합니다.
   11:42

   Nicole Freeman
   완벽하네요. 40명 정도 참석할 예정이며, 다음 달로 계획하고 있습니다.
   11:42

   Zach Whishaw
   _____
   11:42

   Nicole Freeman
   네, 발표를 위해 프로젝터와 마이크가 필요합니다.
   11:43

   Zach Whishaw
   알겠습니다. 장비를 포함하여 예약을 진행하고 확인 이메일을 보내드리겠습니다.
   11:43

   ① How many people will be attending the event?
   행사에 몇 명이 참석할 예정인가요?
   ② What kind of event are you planning?
   어떤 종류의 행사를 계획하고 계신가요?
   ③ Could you let me know if the time works for you?
   이벤트의 정확한 날짜를 알려 주실 수 있나요?
   ④ Do you need any equipment for the event?
   행사를 위해 장비가 필요하신가요?

   Nicole의 답변 "Yes, we'll need a projector and a microphone for the presentations."에서 Zach의 질문이 "행사를 위해 필요한 장비가 있는지" 묻는 내용임을 알 수 있다.

[8~9] 다음 글을 읽고 물음에 답하시오.

Digital Workplace Transformation Office

―

사명
Digital Workplace Transformation Office는 최첨단 기술을 통합하여 작업 환경을 현대화하는 데 전념하고 있습니다. 디지털 도구와 자동화를 채택함으로써, 이 사무국은 직원들이 더 효과적으로 협업하고 조직의 효율성을 높일 수 있도록 돕습니다.

비전
우리는 직원들이 위치에 관계없이 매끄럽게 업무를 수행할 수 있는 완전한 디지털 직장을 꿈꿉니다. 모든 부서에서 연결성, 유연성, 혁신을 향상시키는 데 초점을 맞추고 있습니다.

핵심 가치
· 혁신: 우리는 워크플로우를 개선하기 위해 새로운 기술을 수용합니다.
· 효율성: 우리는 더 나은 생산성을 위해 프로세스를 간소화합니다.
· 협력: 우리는 디지털 도구를 통해 팀워크를 강화합니다.

8. 윗글에서 Digital Workplace Transformation Office에 관한 내용과 일치하는 것은?

① It discourages the use of technology in the workplace.
  직장에서 기술 사용을 억제한다.
② **It promotes digital tools to improve collaboration.**
  협업을 개선하기 위해 디지털 도구를 장려한다.
③ It limits flexibility and connectivity.
  유연성과 연결성을 제한한다.
④ It focuses only on traditional workflows.
  전통적인 워크플로우만을 강조한다.

지문에서는 "adopting digital tools and automation"을 통해 협업(collaboration)을 더욱 효과적으로 만들고, 업무 효율성을 높인다고 명시하고 있다. 따라서 ②번이 가장 적절하다.

9. 밑줄 친 streamline의 의미와 가장 가까운 것은?

① allocate (할당하다)
② complicate (복잡하게 만들다)
③ **simplify (간소화하다)**
④ worsen (악화하다)

문장에서 "streamline processes for better productivity"는 "프로세스를 간소화하여 생산성을 높인다"는 뜻이다. "streamline"의 의미는 "simplify"(간소화하다)와 가장 가깝다.

[10~11] 다음 글을 읽고 물음에 답하시오.

(A)

최신 기술 동향을 배우고 일상생활에서 이를 적용하는 방법을 알아보세요! 학생, 전문가 또는 기술에 대해 궁금한 사람 누구나 참여할 수 있는 기술 워크숍에 초대합니다.

세부사항
· 날짜: 6월 10일 (토요일)
· 시간: 오후 1시 - 오후 4시
· 장소: 혁신 허브, 테크 레인

주요 내용
· AI와 로봇공학
  인공지능과 로봇공학이 산업을 변화시키고 미래를 어떻게 형성하고 있는지 알아보세요.
· 코딩 기초
  초보자를 위해 설계된 기초 코딩 과정을 통해 기본 개념을 배워보세요.
· 기술 직업
  업계 리더로부터 기술 직업의 기회와 필요한 핵심 기술에 대해 배워보세요.

등록 및 자세한 정보는 www.techhubworkshop.com 또는 (555) 678-9101로 문의하세요.

10. (A)에 들어갈 윗글의 제목으로 가장 적절한 것은?

① Future of Artificial Intelligence
  인공지능의 미래
② Mastering Robotics for Beginners
  초보자를 위한 로봇공학 마스터하기
③ **Explore and Learn at the Tech Workshop**
  기술 워크숍에서 탐구하고 배우세요
④ Tech Careers: What You Need to Know
  기술 직업: 당신이 알아야 할 것

지문에서는 기술 워크숍에서 최신 기술 동향을 배우고, 인공지능, 로봇공학, 코딩 기초, 기술 경력 등에 대해 배울 기회가 제공된다고 한다. ③ Explore and Learn at the Tech Workshop(기술 워크숍에서 탐구하고 배우세요)가 가장 적절한 제목이다.

11. Technology Workshop에 관한 윗글의 내용과 일치하지 않는 것은?

① 초보자를 위한 코딩 수업이 포함된다.
② AI와 로봇에 대해 배울 수 있다.
③ **학생들과 전문가들만을 대상으로 열린다.**
④ 주말 오후에 진행된다.

지문에서는 워크숍의 대상이 "a student, a professional, or just curious about tech"로 언급되어 있어 학생뿐만 아니라 기술에 관심 있는 모든 사람이 대상임을 알 수 있다. 따라서 ③번이 일치하지 않는다.

12. 다음 글의 목적으로 가장 적절한 것은?

Send   Preview   Save

To: employees@efficiencyco.com
From: hr@efficiencyco.com
Date: June 15, 2025
Subject: Important notice

친애하는 팀원 여러분,

업무 생산성을 극대화하는 것은 효율성과 직장 만족도를 높이는 데 필수적입니다. 작은 습관 변화만으로도 집중력을 높이고 더 많은 성과를 낼 수 있습니다. 다음은 업무 생산성을 향상시키는 다섯 가지 팁입니다.

1. 작업을 미리 계획하고 명확한 우선순위를 설정하세요.
2. 짧은 휴식을 취해 집중력을 유지하고 스트레스를 줄이세요.
3. 여러 작업을 동시에 하기보다는 한 가지씩 완료하세요.
4. 업무 공간을 정리하여 산만함을 최소화하세요.
5. 생산성 도구를 활용하여 시간을 효율적으로 관리하세요.

더 많은 업무 효율성 팁을 원하시면 직원 자료 센터를 방문하세요. 작은 개선이 쌓이면 더 좋은 결과를 얻을 수 있으며, 스트레스도 줄일 수 있습니다.

진심을 담아,
HR 팀 드림

---

① to introduce new project management software
　새로운 프로젝트 관리 소프트웨어 소개하기
② to provide tips on improving productivity at work
　업무 생산성을 높이는 팁 제공하기
③ to remind employees about break policies
　직원들에게 휴식 정책을 상기시키기
④ to announce changes in work schedules
　근무 일정 변경 사항을 알리기

이 이메일은 직원들에게 업무 생산성을 높이는 방법을 안내하는 목적을 가지고 있다. "업무 생산성을 높이는 팁 제공하기"가 가장 적절한 정답이다.

13. 다음 글의 주제로 가장 적절한 것은?

생명공학의 발전은 의료 분야에 혁신을 가져오고 있으며, 이전에는 치료가 불가능했던 질병을 위한 새로운 치료법과 해결책을 제공하고 있다. CRISPR과 같은 유전자 편집 기술을 활용하면, 과학자들은 DNA를 수정하여 유전 질환을 치료하고, 질병 저항력을 강화할 수 있다. 또한, 재생 의학이 급격히 발전하면서, 연구자들은 실험실에서 배양한 장기 및 줄기세포 치료를 통해 손상된 조직을 대체하는 기술을 개발하고 있다. 이러한 혁신이 큰 잠재력을 가지고 있지만, 유전자 변형의 윤리적 문제와 치료 접근성 문제는 여전히 전문가들 사이에서 논의되고 있다.

① impact of nutrition on genetic disorders
　유전 질환에 대한 영양의 영향
② role of artificial intelligence in healthcare
　의료 분야에서 인공지능(AI)의 역할
③ how biotechnology is transforming modern medicine
　생명공학이 현대 의학을 변화시키는 방식
④ ethical concerns of biotechnology advancements
　생명공학 발전의 윤리적 문제

이 글은 생명공학 기술이 의료 분야를 변화시키는 방식을 설명하고 있다. 특히 유전자 편집 기술, 재생 의학 발전, 실험실 배양 장기, 줄기세포 치료 등의 혁신적인 변화를 강조하고 있다.

14. 다음 글의 내용과 일치하지 않는 것은?

City Art Gallery는 화요일부터 일요일까지 운영되며, 운영 시간은 오전 10시부터 오후 6시까지입니다. 갤러리는 매주 월요일과 재향군인의 날(Veterans Day)에 문을 닫습니다. 미리 티켓을 구매하고 싶은 방문객들은 아래 제공된 온라인 링크를 통해 구매할 수 있습니다. 거래가 완료되면 확인 이메일이 발송되며, 입장 시 디지털 또는 인쇄된 티켓을 제시해야 합니다.

온라인 티켓 구매: tickets.cityartgallery.com
City Art Gallery와 Contemporary Art Wing은 각각 별도의 입장료가 있으며, 성인 기준으로 각각 $10.00입니다. 방문객들은 예술 워크숍과 한정 기간 전시회의 입장권을 운영 시간 동안 프런트 데스크에서 구매할 수 있습니다.

휴관일: 월요일 및 재향군인의 날

방문객들은 갤러리의 예술 아카이브(Art Archives)에서 무료로 독립적인 연구를 수행할 수 있습니다. 단, 제한된 컬렉션에 대한 접근은 특별 승인이 필요합니다.

자세한 내용은 (877) 333-5678로 문의하세요.

① The gallery remains closed on Mondays.
　갤러리는 매주 월요일에 문을 닫는다.
② Researching in the Art Archives requires a payment.
　예술 아카이브에서 연구하려면 비용을 지불해야 한다.
③ Special exhibition tickets are sold at the front desk.
　특별 전시 티켓은 프런트 데스크에서 판매된다.
④ Visitors can purchase tickets online in advance.
　방문객들은 온라인으로 미리 티켓을 구매할 수 있다.

지문에서는 방문객들이 갤러리의 예술 아카이브에서 무료로 독립적인 연구를 할 수 있다고 명시되어 있다. 하지만 보기 ②번에서는 "연구하려면 비용을 지불해야 한다"라고 잘못된 정보를 제시하고 있기 때문에, 지문과 일치하지 않는 문장은 ②번이다.

15. 다음 글의 요지로 가장 적절한 것은?

AI 범죄 예방국(ACPB)은 법 집행 전략에 인공지능(AI)을 통합하여 범죄 패턴을 식별하고, 보안 영상을 분석하며, 온라인에서 의심스러운 활동을 탐지한다. AI 도구는 범죄 분석에 널리 사용되며, 경찰이 대량의 데이터를 빠르게 처리할 수 있도록 돕는다. ACPB는 지역 경찰과 협력하여 수사 기법을 향상하고 공공 안전을 증진한다. 또한, ACPB는 AI 기술이 윤리 기준과 개인정보 보호법을 준수하도록 보장하며, 전문가들은 AI 모델의 편향을 방지하고 범죄 탐지의 정확성을 높이기 위해 지속적으로 개선 작업을 진행한다.

① ACPB focuses on monitoring online crimes.
　ACPB는 온라인 범죄 감시에 집중한다.
② ACPB integrates AI to improve crime prevention.
　ACPB는 범죄 예방을 개선하기 위해 AI를 통합한다.
③ ACPB rarely works with law enforcement agencies.
　ACPB는 법 집행 기관과 거의 협력하지 않는다.
④ ACPB establishes and revises AI privacy policies.
　ACPB는 AI 개인정보 보호 정책을 수립하고 수정한다.

본문에서 AI가 범죄 예방과 수사 분석에 활용되고 있음을 명확히 설명하고 있으므로 ②번이 가장 적절한 요지이다.

16. 다음 글의 흐름상 어색한 문장은?

여행은 사람들에게 다양한 문화와 경험을 접하게 한다. ① 다양한 음식을 탐험하는 것은 여행자들이 지역 전통을 이해하고 취향을 넓히도록 돕는다. ② **많은 여행자들은 더 나은 인프라와 오락 옵션 때문에 자연 경관보다 도시 지역을 선호한다.** ③ 역사적인 명소를 방문하는 것은 한 나라의 과거와 유산에 대한 통찰을 제공한다. ④ 여행하는 동안 새로운 언어를 배우는 것은 문화적 이해를 높이고 의사소통을 향상시킬 수 있다. 다양한 삶의 방식을 경험하는 것은 사람의 시야를 넓힌다.

이 글은 여행이 사람들에게 다양한 문화적 경험과 통찰을 제공한다는 주제로 전개된다. ①번, ③번, ④번 문장은 모두 '여행을 통해 얻는 문화적 경험'을 설명하고 있다. (① 음식 체험 → 지역 문화 이해, ③ 역사적 명소 → 과거와 유산 이해, ④ 언어 학습 → 문화 이해와 의사소통 능력 향상) 하지만 ②번 문장(많은 여행자들이 도시 지역을 선호한다)는 '여행자의 선호'에 대한 내용일 뿐, '여행이 주는 문화적 경험'과는 연결되지 않아 글의 흐름에서 벗어난다.

17. 주어진 문장이 들어갈 위치로 가장 적절한 것은?

이러한 차이를 인식하지 못하면 의사소통의 문제, 불편함, 심지어 의도하지 않은 갈등을 초래할 수 있다.

문화마다 의사소통 방식이 매우 다르며 사람들이 서로 상호 작용하는 방식에 영향을 미친다. (①) 언어적 의사소통이 중요한 역할을 하지만, 제스처, 표정, 몸짓과 같은 비언어적 신호도 똑같이 중요하다. (②) 이러한 문화적 차이를 이해하는 것은 효과적인 문화 간 의사소통에 필수적이다. (③) 예를 들어, 어떤 문화에서는 눈을 맞추는 것이 자신감의 표시지만, 다른 문화에서는 무례하게 여겨질 수 있다. (④) 다양한 문화 규범을 배우면 사람들이 존중하면서도 효과적으로 의사소통할 수 있는 능력을 향상시킬 수 있다.

본문의 흐름은 문화 간 의사소통의 중요성과 차이를 인식하는 것이 왜 중요한지 설명하고, 마지막에는 이러한 인식을 통해 긍정적인 결과(효과적인 의사소통)를 얻을 수 있다는 결론으로 이어진다. ④번 앞의 내용에서는 구체적인 문화 차이 사례(예: 눈맞춤)를 제시하고, 주어진 문장은 "이러한 차이를 인식하지 못했을 때 발생할 문제점"을 경고하고 있으므로 ④번 위치에 오는 것이 적절하다.

18. 주어진 글 다음에 이어질 글의 순서로 가장 적절한 것은?

빗방울이 어깨에 떨어졌고, 바람이 코트를 잡아당겼다. 나는 밖으로 나서는 순간 내 우산을 카페 안에 두고 나왔다는 것을 깨달았다.

(A) 막 나가려던 순간, 의자에 기대어 있는 우산을 발견했다. 손잡이가 희미한 카페 조명 아래서 반짝이고 있었다.
(B) 안도하며 우산을 집어 가볍게 털고는 다시 추운 밤 거리로 나섰다.
(C) 다시 돌아가서 찾기를 바라며 서둘러 카페로 돌아갔지만, 카페는 이미 새 손님들로 가득 차 있었다.

C: 우산을 찾으러 다시 카페로 돌아가는 과정이 첫 번째이다.
A: 카페에서 우산을 발견하는 내용이 두 번째로 온다.
B: 우산을 가지고 다시 밖으로 나가는 장면으로 끝난다.

① (A) - (B) - (C)
② (A) - (C) - (B)
③ **(C) - (A) - (B)**
④ (C) - (B) - (A)

[19~20]. 밑줄 친 부분에 들어갈 말로 가장 적절한 것을 고르시오.

19. 수십 년간의 우주 탐사는 수천 개의 고장 난 위성, 로켓 파편, 그리고 기타 잔해들을 지구 궤도에 떠다니게 했다. 우주 임무가 증가할수록, 작동 중인 위성과 이 잔해들 사이의 충돌 위험도 증가하며, 이는 더 많은 잔해를 생성할 수 있다. 과학자들은 이러한 문제가 해결되지 않으면, 우주 쓰레기가 미래의 임무를 위협하고, 중요한 통신 네트워크를 손상시키며, 우주 여행을 더 위험하게 만들 수 있다고 경고한다. 이러한 잔해를 제거하거나 재활용하려는 여러 시도가 이루어지고 있지만, 아직 포괄적인 해결책은 구현되지 못하고 있다. 증가하는 우주 쓰레기 문제는 _____, 지속 가능한 우주 정책과 청소 노력을 위한 긴급한 논의를 촉발하고 있다.

① lowers chances of satellite issues
위성 문제 발생 가능성을 줄인다
② **warns about space exploration risks**
우주 탐사의 위험을 경고한다
③ removes the need for space laws
우주 법률의 필요성을 없앤다
④ makes all space debris vanish
모든 우주 쓰레기를 사라지게 한다

본문은 우주 쓰레기 문제가 충돌 위험 증가, 미래 임무 위협, 통신 방해, 우주 여행 위험성 등 부정적인 영향을 준다고 설명하고 있다. 따라서 빈칸에는 이러한 문제를 경고한다는 의미가 와야 자연스럽다. ②번은 우주 쓰레기 문제가 우주 탐사의 위험성을 경고한다는 내용으로 본문과 가장 잘 연결된다.

20. 인생과 직장에서의 성공은 흔히 지능과 기술적 능력에만 의존한다고 여겨진다. 그러나 연구에 따르면 감정 지능(EQ)은 장기적인 성공을 이루는 데 있어 똑같이 중요한 역할을 한다. EQ가 높은 사람들은 스트레스 관리, 갈등 해결, 주변 사람들의 감정을 이해하는 데 능숙하다. 반면, 감정 지능이 부족한 사람들은 대인관계와 리더십 역할에서 자주 어려움을 겪는다. IQ가 인지 능력을 측정하는 반면, 감정 지능은 사회적 상황을 얼마나 잘 헤쳐나갈 수 있는지를 결정한다. 강한 관계와 효과적인 팀을 만들기 위해, _____에 집중하는 것이 중요하며, 이는 사람들이 회복력과 공감으로 도전에 대응할 수 있도록 해준다.

① disregarding emotions in decision-making
의사결정에서 감정을 무시하는 것
② relying solely on IQ and technical skills
오로지 IQ와 기술적 능력에 의존하는 것
③ suppressing emotions to appear stronger
강해 보이기 위해 감정을 억누르는 것
④ **controlling and understanding emotions**
감정을 조절하고 이해하는 것

지문에서는 감정 지능(EQ)이 성공적인 인간관계와 리더십을 위해 필수적임을 강조하고 있다. 빈칸 뒤에는 '이는 사람들이 회복력과 공감으로 도전에 대응할 수 있게 한다'는 내용이 나오므로, 빈칸에는 감정 지능과 감정 조절·이해를 연관한 내용이 들어가야 한다. 그러므로 ④번(감정을 조절하고 이해하는 것)이 본문의 흐름과 완벽하게 맞아떨어진다.

영 어

[1~3] 밑줄 친 부분에 들어갈 말로 가장 적절한 것을 고르시오.

1. 프로젝트 매니저의 업무는 팀에 적절히 업무를 _____는 것이다.

① assign (할당하다)
② achieve (성취하다)
③ assist (돕다)
④ assess (평가하다)

"assign"은 "할당하다, 배정하다"라는 의미로, "The project manager's job is to _____ tasks appropriately to the team" 문맥에 가장 적합하다.

2. 날씨가 너무 _____해서 하이킹을 갈 수 없었다.

① calm (잔잔한)
② severe (심각한)
③ mild (온화한)
④ tolerable (견딜만한)

"The weather was so _____ that we couldn't go hiking"에서 "severe"는 "심각한, 혹독한"이라는 뜻으로, 하이킹을 가지 못할 정도로 나쁜 날씨를 설명하기에 적합하다.

3. 연구원들은 지난 10년 동안 연구에서 상당한 진전을 _____한 것을 자랑스러워한다.

① making
② to make
③ make
④ having made (이룩다)

"are proud of" 뒤에 올 수 있는 것은 명사구나 동명사구이다. 문장에서 연구자들이 지난 10년간 이미 성취한 진전을 언급하고 있으므로, 완료형 동명사 "having made"를 사용하는 것이 적합하다. "having made"는 과거에 완료된 동작을 나타내며, 현재 문맥에 잘 맞는다.

[4~5] 밑줄 친 부분 중 어법상 옳지 않은 것을 고르시오.

4. 효과적인 리더십은 비전뿐만 아니라 다른 사람들에게 영감을 줄 수 있는 능력을 필요로 한다. 리더들은 자신의 목표를 명확히 전달해야 하며, 모두가 공통의 목표를 향해 일하도록 보장하며, 팀 간 협력을 촉진한다.

③ a common objectives (→ a common objective)

"a"는 단수 명사를 수식하는 관사이다. 하지만 "objectives"는 복수형 명사이므로 "a"와 함께 사용될 수 없다. 따라서, "a" 뒤에는 단수 명사 "objective"가 와야 맞다.

5. 그 작은 마을은 역사적인 건물들로 알려져 있었으며, 이 중 다수가 18세기로 거슬러 올라간다. 관광객들은 이 지역을 방문하여 매력적인 거리들을 탐험하고, 랜드마크 뒤에 숨겨진 이야기를 배우곤 한다. 그러나 마을의 일부는 현재 보수 공사 중이다.

② dates back (→ date back)

"many of which dates back to the 18th century"에서 주어는 "many of which"로 복수형이다. 따라서 동사는 "date"가 되어야 한다.

[6~7] 밑줄 친 부분에 들어갈 말로 가장 적절한 것을 고르시오.

6. A: 김 박사님과 약속을 잡고 싶습니다.
B: 알겠습니다. 어떤 날과 시간이 가장 좋으신가요?
A: 다음 주 수요일 오후에 가능합니다.
B: 김 박사님께서 오후 3시에 시간이 있으신데 괜찮으신가요?
A: 네, 괜찮습니다.
B: 상담하고 싶은 구체적인 내용이 있으신가요?
A: _____
B: 알겠습니다. 김 박사님께 전달드리겠습니다.

① Yes, I'm not available next Wednesday.
네, 저는 다음 주 수요일에 시간이 안 됩니다.
② No, I'd prefer to see another doctor.
아니요, 다른 의사를 만나고 싶습니다.
③ Yes, I'd like to discuss my back pain.
네, 허리 통증에 대해 상담하고 싶습니다.
④ No, I don't need an appointment.
아니요, 약속이 필요하지 않습니다.

문맥에서 B의 질문 "Do you have any specific concerns you'd like to discuss?"는 환자가 의사와 상의할 특정 문제나 우려 사항을 묻는 것이다. A의 대답으로 "Yes, I'd like to discuss my back pain."과 같이 구체적인 문제를 언급하는 것이 적절하다.

7.

Lauren Bloom
안녕하세요, 저녁 모임을 위해 식당 예약을 하고 싶습니다.
12:10

Tim Keller
문의해 주셔서 감사합니다. 저희는 2명에서 12명까지의 그룹을 수용할 수 있습니다.
12:10

Lauren Bloom
좋네요. 다음 주 금요일 오후 7시에 8명이 앉을 수 있는 테이블이 필요합니다.
12:11

Tim Keller
_____
12:12

Lauren Bloom
네, 손님 두 분이 채식 메뉴를 원하시는데, 가능할까요?
12:12

Tim Keller
확인했습니다. 채식 옵션을 준비하도록 하겠으며 예약 세부 정보를 보내드리겠습니다.
12:13

① What time would you like to dine?
몇 시에 오실 예정인가요?
② How many people will be joining the dinner?
저녁에 몇 분이 함께 하시나요?
③ Could you confirm the date and time of your party?
저녁 모임의 날짜와 시간을 확인해 주실 수 있나요?
④ Does your group have any specific dietary requirements?
여러분 그룹에 특별한 식단 요구 사항이 있나요?

Lauren의 대답 "Yes, two of our guests will need vegetarian options, if that's possible."은 Tim이 식단 요구 사항에 대해 물었음을 나타낸다. 따라서 적절한 질문은 ④번이다.

[8~9] 다음 글을 읽고 물음에 답하시오.

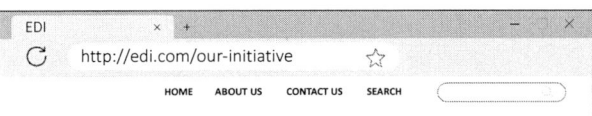

Employee Development Initiative

사명
Employee Development Initiative는 직원들의 기술과 지식을 향상시키는 데 전념하고 있습니다. 워크숍, 멘토링 프로그램, 리더십 훈련을 제공함으로써, 이 이니셔티브는 직원들이 경력 성장을 준비하고 조직적 성공을 이루도록 돕는 것을 목표로 합니다.

비전
우리는 직원들이 자신의 잠재력을 최대한 발휘할 수 있도록 지원하는 직장을 꿈꿉니다. 지속적인 학습과 개발을 통해 혁신과 성공을 이끄는 고도로 숙련된 인력을 구축하는 것이 우리의 목표입니다.

핵심 가치
· 성장: 우리는 지속적인 학습과 개인 성장을 지원합니다.
· 역량 강화: 우리는 직원들이 성공할 수 있도록 도구와 자원을 제공합니다.
· 혁신: 우리는 창의성과 미래지향적 사고를 장려하여 발전을 촉진합니다.

8. 윗글에서 Employee Development Initiative에 관한 내용과 일치하는 것은?

① It avoids offering tools for career development.
경력 개발을 위한 도구 제공을 피한다.
② It focuses solely on organizational success.
조직적 성공에만 초점을 맞춘다.
③ It discourages leadership training opportunities.
리더십 훈련 기회를 억제한다.
④ It provides workshops and mentorship programs.
워크숍과 멘토링 프로그램을 제공한다.

지문에서는 Employee Development Initiative가 워크숍, 멘토십 프로그램, 리더십 훈련을 제공하여 직원들의 경력 성장과 조직의 성공을 지원한다고 명시되어 있다. 따라서 ④번이 지문의 내용과 일치한다.

9. 밑줄 친 enhancing의 의미와 가장 가까운 것은?

① requiring (필요로 하다)
② improving (향상시키다)
③ discouraging (좌절시키다)
④ encouraging (격려하다)

문장에서 "enhancing the skills and knowledge"는 "기술과 지식을 향상시키다"라는 뜻으로 사용되었다. 따라서 "improving"(향상시키다)가 가장 가까운 의미다.

[10~11] 다음 글을 읽고 물음에 답하시오.

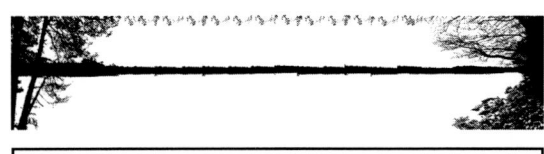

(A)

Pinewood 호수는 오랫동안 낚시, 소풍, 가족 모임을 위한 소중한 장소였습니다. 그러나 오염과 방치로 인해 이 호수의 아름다움과 활용도가 위협받고 있습니다.

호숫가의 쓰레기와 수질 오염으로 인해 주민들이 예전처럼 호수를 즐기기 어려워졌습니다.

Pinewood Lake Preservation Group은 이 아름다운 자연 자원을 복원하기 위한 정화의 날을 주최하고 있습니다. 자원 봉사자들은 쓰레기 수거, 나무 심기, 그리고 호수에 생명을 되돌리기 위한 활동에 필요합니다.

누가 쓰레기로 가득 찬 호수를 보고 싶겠습니까?

후원: Pinewood Lake Preservation Group

· 장소: Pinewood 호수 공원
· 날짜: 2024년 9월 23일 토요일
· 시간: 오전 10시

자세한 정보는 www.pinewoodlakecleanup.org를 방문하시거나 (123) 456-7890으로 문의하세요.

10. (A)에 들어갈 윗글의 제목으로 가장 적절한 것은?

① History of Pinewood Lake
파인우드 호수의 역사
② Protect Pinewood's Natural Beauty
파인우드의 자연미 보호하기
③ Family Events at Pinewood Lake
파인우드 호수의 가족 행사
④ Protecting Local Forests
지역 숲 보호하기

지문에서 Pinewood Lake의 자연미가 오염과 방치로 인해 위협받고 있으며, 이를 보호하고 복원하기 위해 정화 활동(cleanup day)을 개최한다고 설명하고 있다. 따라서 "Protect Pinewood's Natural Beauty"가 제목으로 가장 적절하다.

11. 위 안내문의 내용과 일치하지 않는 것은?

① 지역 대표들의 보존 노력이 중요하다.
② 호수는 가족 모임 장소로 각광받아 왔다.
③ 쓰레기 청소는 환경 보호 단체가 전적으로 맡다.
④ 어린이들은 미화 활동에 참여하지 못한다.

지문에서는 "Volunteers are needed to collect trash, plant trees, and help bring life back to the lake."라고 되어 있지만, 어린이가 참여할 수 없다는 언급은 없다.

12. 다음 글의 목적으로 가장 적절한 것은?

```
  ✎    Send    Preview    Save
To      customers@healthclinic.com
From    info@healthclinic.com
Date    July 8, 2025
Subject Important notice
📎      [ My PC ]  [ Browse ]
```

친애하는 환자 여러분,

여러분의 개인 건강 정보는 매우 소중하며, 이를 보호하는 것이 중요합니다. 의료 기록에 대한 무단 접근은 신원 도용으로 이어질 수 있습니다. 여러분의 데이터를 안전하게 지키기 위한 다섯 가지 보안 수칙을 안내드립니다.

1. 의심스러운 출처와 의료 기록 또는 보험 정보를 공유하지 마세요.
2. 온라인 환자 포털의 비밀번호를 강력하게 설정하세요.
3. 개인 건강 정보를 요구하는 전화에 주의하세요.
4. 공용 기기 사용 후 반드시 로그아웃하세요.
5. 가능하면 2단계 인증을 활성화하세요.

추가적인 개인정보 보호 팁은 환자 지원 센터에서 확인하실 수 있습니다. 여러분의 건강과 개인정보 보호는 우리의 최우선 과제이며, 안전한 환경을 제공하기 위해 최선을 다하겠습니다.

진심을 담아,
Health Clinic Support Team 드림

① to announce a change in clinic hours
   진료 시간 변경을 알리기
② **to educate patients on protecting their information**
   환자들에게 개인정보 보호 방법을 교육하기
③ to remind patients about upcoming appointments
   환자들에게 예약 일정을 상기시키기
④ to introduce a new online booking system
   새로운 온라인 예약 시스템을 소개하기

이 이메일은 환자들의 의료 기록과 개인 정보 보호 방법을 교육하는 것이 목적이다. 건강 데이터 보호를 위한 다섯 가지 보안 지침을 안내하고 있다.

13. 다음 글의 주제로 가장 적절한 것은?

전기차(EV)는 환경 친화적인 대안으로 점점 인기를 얻고 있으며, 정부와 소비자들이 이를 선택하고 있다. 배터리 기술의 발전으로 전기차의 효율성과 주행거리가 개선되었고, 장거리 이동에도 적합해졌다. 많은 나라들이 전기차 충전 인프라에 투자하고 있으며, 전기차는 탄소 배출을 크게 줄일 수 있는 장점이 있다. 그러나 높은 생산 비용과 배터리 재활용 문제 등은 여전히 해결해야 할 과제이다. 연구자들은 지속 가능한 미래를 위해 이러한 문제를 해결하려 노력하고 있다.

① benefits of public transportation
   대중교통의 이점
② **global shift towards electric vehicles**
   전기차로의 전반적인 전환
③ how gasoline-powered cars are evolving
   휘발유 자동차가 어떻게 발전하고 있는가
④ history of automobile manufacturing
   자동차 제조의 역사

본문은 전기차의 증가, 기술 발전, 인프라 투자, 장점과 문제점 등을 포괄적으로 다루고 있으므로 ②번이 가장 적절한 선택지이다.

14. 다음 글의 내용과 일치하지 않는 것은?

마운틴 내셔널 파크는 매일 열려 있으며, 일출부터 일몰까지 방문객을 맞이합니다. 방문객들은 아래 온라인 시스템을 통해 입장권을 구매할 수 있습니다. 구매가 완료되면 확인 메시지가 이메일로 전송됩니다. 도착 시 디지털 또는 인쇄된 형태로 확인 메시지를 준비해 주세요.

• 온라인 티켓: reservations.mountainnationalpark.com

마운틴 내셔널 파크와 알파인 체험 센터는 별도의 입장료가 부과되며, 성인의 경우 각각 $10.00입니다. 방문객들은 공원 관리소에서 하이킹 허가증, 암벽 등반 패스, 캠핑 예약을 받을 수 있습니다.

• 휴무일: 독립기념일, 추수감사절

지정된 연구 구역에서 현장 작업을 수행하는 연구자들은 입장료를 지불할 필요가 없지만, 숙박을 원할 경우 허가증이 필요합니다.

추가 문의 사항은 1 (800) 999-7654로 연락 바랍니다.

① The park is open daily except for certain holidays.
   공원은 특정 공휴일을 제외하고 매일 열린다.
② Visitors can buy tickest online
   방문객들은 온라인으로 티켓을 구매할 수 있다.
③ **General admission includes all guided activities.**
   일반 입장료에는 모든 안내 활동이 포함된다.
④ The Alpine Experience Center has a separate entry fee.
   알파인 체험 센터는 별도의 입장료가 필요하다.

글에서는 안내 활동에 대한 언급이 없으며, 모든 활동이 입장료에 포함된다는 내용도 없다. ③번은 "일반 입장료에는 모든 안내 활동이 포함된다"는 내용이 글과 일치하지 않기 때문에 정답이다.

15. 다음 글의 요지로 가장 적절한 것은?

Global Pharmaceutical Safety Board(GPSB)는 의약품의 개발과 유통을 규제하며, 모든 의약품이 엄격한 안전 기준을 충족하도록 보장한다. GPSB는 새로운 약물의 부작용을 임상 시험과 실험실 테스트를 통해 평가하며, 처방약을 지속적으로 모니터링하고, 위험한 약을 회수하며 필요 시 경고를 발령한다. 또한 국제 보건 기관과 협력하여 의약품 안전에 대한 연구를 공유하고, 제약 회사에 최신 지침을 제공하여 효과적이고 신뢰할 수 있는 치료법을 보장한다.

① **GPSB ensures medication safety with strict rules.**
   GPSB는 엄격한 규정을 통해 의약품 안전을 보장한다.
② GPSB develops medications for private companies.
   GPSB는 제약 회사들을 위해 의약품을 개발한다.
③ GPSB tracks and treats drug side effects.
   GPSB는 약물 부작용을 추적하고 치료한다.
④ GPSB issues guidelines but does not enforce them.
   GPSB는 지침을 발행하지만 이를 시행하지는 않는다.

본문에서 "ensures that all pharmaceutical products meet strict safety standards"라고 명시되어 있어 ①번이 가장 적절한 요지이다.

16. 다음 글의 흐름상 어색한 문장은?

음악은 인간 문화와 감정에서 중요한 역할을 한다. ① 다양한 장르의 음악은 다양한 감정과 기억을 불러일으켜 기분과 긴장을 조절하는 데 영향을 줄 수 있다. ② 악기를 배우는 것은 인지 능력과 운동 기술을 향상시키며, 규율과 창의력을 높일 수 있다. ③ 클래식 음악은 뇌 활동에 미치는 영향과 집중력 및 주의력 향상 능력으로 연구되어 왔다. ④ 음악 스트리밍 서비스는 사람들이 수백만 곡을 즉시 청할 수 있게 만들어, 일상에서 음악을 소비하는 방식을 변화시켰다. 어떤 형태로든 음악에 참여하는 것은 정서적 위안을 제공하고 개인적인 만족감을 줄 수 있다.

이 글은 음악이 인간의 감정, 인지 능력, 그리고 정신적 웰빙에 미치는 긍정적인 영향을 주제로 하고 있다. ①, ②, ③번 문장은 모두 음악 자체가 사람의 감정적·인지적 기능에 미치는 영향을 설명하고 있다. (① 음악 장르 → 감정과 기억, 기분과 휴식 조절, ② 악기 연주 → 인지·운동 능력, 규율과 창의성 향상, ③ 클래식 음악 → 뇌 활동 자극, 집중력 향상) 하지만 ④번은 기술적 발전과 음악 소비 방식의 변화를 다루고 있어, 글의 중심 내용인 음악의 심리적·인지적 효과에서 벗어나 있다.

17. 주어진 문장이 들어갈 위치로 가장 적절한 것은?

이러한 긍정적인 변화는 전통적인 사무실 구조를 재정의하며, 더 많은 조직이 하이브리드 근무 모델을 도입하도록 이끌고 있다.

현대의 직장은 지난 10년 동안 기술 발전과 변화하는 인력 기대치의 영향을 받아 크게 변화했다. (①) 화상 회의와 클라우드 컴퓨팅과 같은 디지털 도구들은 기업들이 다양한 위치에서 효율적으로 운영할 수 있도록 쉽게 만들었다. (②) 그 결과, 많은 기업들이 원격 근무 정책을 채택하여 직원들에게 더 큰 유연성과 워라밸을 제공하게 되었다. (③) 그러나 원격 근무는 팀 협업 유지, 데이터 보안 보장, 생산성 관리와 같은 도전 과제를 안겨주기도 한다. (④) 이러한 문제들을 해결하기 위해 기업들은 대면 근무와 원격 근무를 모두 지원하는 새로운 전략과 기술에 투자하고 있다.

본문에서 ③번 전까지는 기술 발전으로 인해 원격 근무가 가능해지고 확산된 과정의 긍정적인 측면(유연성, 워라밸)을 중심으로 설명하고, ③번 이후부터는 원격 근무가 가져온 도전 과제(팀워크, 보안, 생산성 문제)를 언급하고 있다. 따라서 '이러한 긍정적인 변화는' 으로 시작하는 주어진 문장은 ③번에 위치하여 원격 근무 확산의 결과를 설명하고, 이후 '그러나'로 연결되어 원격 근무의 문제점이 언급되는 흐름이 자연스럽다.

18. 주어진 글 다음에 이어질 글의 순서로 가장 적절한 것은?

나는 손잡이를 돌렸지만 문은 꿈쩍하지 않았다. 자물쇠는 뻑뻑했고, 그 집은 오랫동안 버려져 있었다.

(A) 깊게 숨을 들이마신 후, 나는 열쇠를 자물쇠에 넣고 천천히 돌렸다. 부드러운 '찰칵' 소리가 주위의 으스스한 정적을 깼다.
(B) 나는 망설이다가 주머니로 손을 뻗어, 전에 발견한 차가운 금속 열쇠를 손끝으로 느꼈다.
(C) 나는 나무에 귀를 대고 안에서 나는 소리를 들으려 했지만, 침묵은 오히려 그 순간을 더 무겁게 만들 뿐이었다.

문이 열리지 않은 상태에서 소리를 듣고 상황을 살피는 행동 (C)이 먼저 와야 한다.
문이 열리지 않자 열쇠를 찾는 과정 (B)이 자연스럽게 이어진다.
마지막으로 열쇠를 사용해 문을 여는 장면 (A)으로 마무리된다.

① (A) - (C) - (B)
② (B) - (C) - (A)
③ (C) - (A) - (B)
④ (C) - (B) - (A)

[19~20]. 밑줄 친 부분에 들어갈 말로 가장 적절한 것을 고르시오.

19.
미신은 수세기 동안 다양한 문화에서 존재하며, 미묘하고도 깊이 있게 인간 행동에 영향을 미쳐 왔다. 검은 고양이를 피하거나 사다리 밑을 지나가지 않는 것과 같은 전통적 믿음은 현대에 들어 많이 줄어들었지만, 미신은 계속해서 진화하고 있다. 연구에 따르면 매우 합리적인 사회에서도 사람들은 스포츠, 금융, 개인적 의사결정 등에서 새로운 미신을 만들어낸다. 예를 들어, 운동선수들은 경기력을 향상시킬 수 있다고 믿는 의식적인 행동을 하며, 주식 거래자들은 과학적 근거 없이 특정 패턴에 의존하기도 한다. 현대 사회에서 미신이 지속되는 것은 _____, 이는 심리적 편향이 심지어 증거 기반 분야에서도 인간 행동을 어떻게 형성하는지 입증한다.

① shows how irrational beliefs affect decisions
비합리적 믿음이 의사결정에 어떻게 영향을 미치는지 보여준다
② claims superstitions are no longer relevant
미신이 더 이상 관련이 없다는 것을 주장한다
③ removes the need for critical thinking
비판적 사고의 필요성을 제거한다
④ keeps all cultural traditions unchanged
모든 문화적 전통을 변함없이 유지한다

본문은 미신이 현대 사회에서도 여전히 존재하고, 심지어 합리적이고 증거 기반이어야 할 영역(스포츠, 금융 등)에서도 미신이 인간의 행동을 형성한다고 설명한다. 따라서 빈칸에는 '비합리적 믿음(미신)'이 인간의 의사결정에 미치는 영향을 보여준다는 내용이 들어가야 글의 흐름이 자연스럽다. ①번이 '비합리적인 믿음이 의사결정에 어떻게 영향을 미치는지 보여준다'는 내용으로 지문의 핵심을 잘 담고 있다.

20.
많은 사람들은 실수를 무조건 피해야 할 실패로 여기며, 실수가 무능함을 드러낸다고 두려워한다. 그러나 심리학과 교육 연구는 실수를 하는 것이 학습 과정의 필수적인 부분이라고 제안한다. 사람들이 자신의 실수를 분석할 때, 그들은 개념을 더 깊이 이해하고 문제 해결 능력을 향상시킨다. 실제로, 역사상 가장 성공적인 인물들 중 일부는 과거의 실패로부터 배운 것이 자신들의 성공 비결이었다고 한다. 두려움 때문에 도전을 피하는 대신, 실수를 학습의 기회로 받아들이는 사람들은 회복력과 적응력을 발전시키는 경향이 있다. 지적·개인적 성장을 이루는 열쇠는 _____이며, 각 실수가 개선을 향한 디딤돌 역할을 하도록 보장하는 것이다.

① avoid challenges to prevent errors
실수를 피하기 위해 도전을 회피하는 것
② recognize mistakes as learning opportunities
실수를 학습의 기회로 인식하는 것
③ ignore feedback and repeat mistakes
피드백을 무시하고 실수를 반복하는 것
④ expect immediate perfection without practice
연습 없이 즉각적인 완벽함을 기대하는 것

이 글은 실수를 두려워하지 말고 학습의 기회로 삼아야 한다는 주제를 전달하고 있다. "두려움으로 도전을 피하지 말고, 실수를 학습의 기회로 받아들이는 것이 회복력과 적응력을 키운다"는 부분에서 실수를 학습의 기회로 삼는 것이 핵심이라는 것을 알 수 있다. 따라서 빈칸에는 ②번 '실수를 학습의 기회로 인식하는 것'이 들어가야 '각 실수가 개선을 향한 디딤돌이 된다'는 결론과 자연스럽게 연결된다.

영 어

[1~3] 밑줄 친 부분에 들어갈 말로 가장 적절한 것을 고르시오.

1. _____은 스탠드에서 축구 경기를 열심히 관람했다.

① spectator (관중)
② supervisor (감독자)
③ advocate (지지자)
④ inspector (조사관)

문맥상 밑줄 친 부분은 관중석에서 열정적으로 경기를 지켜보는 사람을 의미하므로, "spectator"(관중)이 가장 적합하다.

2. 광활한 푸른 바다 위로 지는 해는 정말로 _____였다.

① cramped (비좁은)
② spectacular (장관인)
③ visible (보이는)
④ stuffy (답답한)

문장은 문맥상 "멋진 석양"을 묘사하고 있다. 따라서 밑줄 친 부분에 들어갈 말은 "spectacular"(장관인, 멋진)가 가장 적합하다.

3. 그들이 직면했던 수많은 도전에도 불구하고, 팀은 프로젝트를 제시간에 완료할 수 있었고, 이는 전체 과정에서의 그들의 헌신과 노력을 _____.

① demonstrate
② demonstrates
③ demonstrating
④ demonstrated (보여주다)

문장 구조상 앞의 내용을 받으며 과거 시제로 "팀의 헌신과 노력을 보여주었다"라는 의미를 전달하기 위해 demonstrated가 적합하다.

[4~5] 밑줄 친 부분 중 어법상 옳지 않은 것을 고르시오.

4. 컨퍼런스에는 다양한 분야의 전문가들이 참석하여, 최근 발전에 대한 통찰을 공유했다. 발표는 최대한 명료하고 간결하게 보장되도록 구성되었으며, 청중이 복잡한 주제를 더 쉽게 이해하도록 돕고, 이후 활발한 토론을 촉발시켰다.

③ clarity and concise (→ clarity and conciseness)

"clarity and concise"는 문법적으로 틀린 표현이다. "clarity"는 명사이고, "concise"는 형용사이다. 병렬 구조를 유지하려면 둘 다 명사 형태여야 한다. 따라서 "clarity and conciseness"로 수정해야 한다.

5. 대학은 학생 복지를 개선하기 위해 새로운 정책을 발표했다. 장학금이 저소득층 학생들에게 제공되고 있고, 정신 건강 문제를 해결하기 위한 새로운 상담 프로그램이 시행될 예정이다.

③ will implemented (→ will be implemented)

"will implemented"는 문법적으로 틀린 표현이다. "will" 뒤에는 항상 동사 원형이 와야 한다. 따라서 "will be implemented"가 되어야 맞다.

[6~7] 밑줄 친 부분에 들어갈 말로 가장 적절한 것을 고르시오.

6.
A: 읽을 만한 좋은 책을 찾고 싶습니다.
B: 평소에 어떤 장르를 즐기시나요?
A: 저는 추리 소설을 좋아합니다.
B: 추리 소설 카테고리에서 베스트셀러가 있습니다. 보여드릴까요?
A: 네, 부탁드립니다. 하드커버로도 있나요?
B: _____
A: 좋습니다. 한 권 구매하겠습니다.

① Yes, but only in paperback.
네, 하지만 페이퍼백만 있습니다.
② No, I don't read books.
아니요, 저는 책을 읽지 않습니다.
③ Sorry, we don't sell books here.
죄송하지만, 저희는 여기서 책을 판매하지 않습니다.
④ Yes, we have it in both hardcover and paperback.
네, 하드커버와 페이퍼백 둘 다 있습니다.

B의 질문 "Do you have it in hardcover?"는 책의 형식을 묻는 것이므로, A의 대답은 하드커버와 페이퍼백 두 가지 형식 모두 제공된다고 답하는 "Yes, we have it in both hardcover and paperback."이 가장 적절하다.

7.

Anne Murphy
안녕하세요, 댄스 수업에 등록하고 싶습니다.   5:03

Ethan Watson
관심 가져주셔서 감사합니다. 초급, 중급, 고급 수업을 제공하고 있습니다.   5:03

Anne Murphy
저는 초보자이고 일주일에 두 번 수업을 듣고 싶습니다.   5:04

Ethan Watson

5:04

Anne Murphy
월요일과 수요일 아침 수업이 가장 좋을 것 같습니다.   5:05

Ethan Watson
좋습니다! 해당 시간에 등록해 드리며 일정표를 보내드리겠습니다.
5:05

① How many times a week would you like to attend?
일주일에 몇 번 수업을 듣고 싶으신가요?
② What time and days would you prefer for your classes?
어떤 시간과 요일을 선호하시나요?
③ Are you interested in group classes or private lessons?
그룹 수업을 원하시나요, 개인 레슨을 원하시나요?
④ Could you confirm your current skill level?
현재 댄스 실력을 확인해 주시겠어요?

Anne의 답변 "Morning classes on Mondays and Wednesdays would work best for me."를 보면 Ethan Watson의 질문이 "수업 시간과 요일"에 대한 것이었음을 알 수 있다. 따라서 ②번이 가장 적합하다.

[8~9] 다음 글을 읽고 물음에 답하시오.

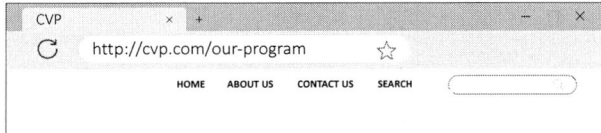

Community Volunteer Program

사명
Community Volunteer Program은 지역의 문제를 해결하기 위해 개인들이 협력하도록 돕는 것을 목표로 합니다. 환경 미화 활동, 식품 기부, 교육 워크숍과 같은 자원봉사 행사를 조직하여 시민들이 지역 사회를 개선하기 위해 적극적으로 참여하도록 장려합니다.

비전
우리는 개인들이 협력하여 지속적인 긍정적 변화를 만들어내는 통합된 지역 사회를 꿈꿉니다. 모든 참가자들이 책임감, 공감, 참여 의식을 기를 수 있도록 돕는 데 초점을 맞추고 있습니다.

핵심 가치
· 협력: 우리는 중요한 지역 사회 문제를 해결하기 위해 함께 노력합니다.
· 공감: 우리는 모든 상호작용에서 이해와 친절을 장려합니다.
· 영향력: 우리는 사회에 의미 있고 지속적인 기여를 하려고 노력합니다.

8. 윗글에서 Community Volunteer Program에 관한 내용과 일치하는 것은?

① It discourages participation in local activities.
지역 활동 참여를 억제한다.
② It organizes clean-ups and food drives.
환경 미화 활동과 식품 기부를 조직한다.
③ It focuses only on individual achievements.
개인 성취에만 초점을 맞춘다.
④ It ignores the importance of collaboration.
협력의 중요성을 무시합니다.

지문에서는 Community Volunteer Program이 "clean-ups, food drives, and educational workshops"를 조직한다고 명시되어 있다. 따라서 ②번이 지문의 내용과 일치한다.

9. 밑줄 친 empathy의 의미와 가장 가까운 것은?

① temper (성질)
② compassion (연민)
③ compromise (타협)
④ sacrifice (희생)

Empathy는 "understanding"(이해)와 "kindness"(친절)를 포함하는 개념으로, 타인의 감정을 이해하고 공감하는 것을 의미한다. "compassion"(연민, 공감)은 타인의 감정을 깊이 이해하고 도와주고자 하는 마음을 나타내므로, empathy와 가장 가까운 뜻을 가진 단어로 적합하다.

[10~11] 다음 글을 읽고 물음에 답하시오.

(A)

직접 채소를 키우거나 주변 환경을 아름답게 가꾸고 싶으신가요? 커뮤니티 가드닝 워크숍에 참여하여 더 푸른 이웃을 만들기 위한 간단한 정원 가꾸기 팁을 배워보세요. 이 워크숍은 초보자와 숙련된 정원사 모두에게 완벽합니다.

세부사항
· 날짜: 4월 15일 (토요일)
· 시간: 오전 10시 - 오후 2시
· 장소: 리버사이드 공원 커뮤니티 센터

주요 내용
· 정원 설계
아름답고 실용적인 정원을 계획하고 설계해보세요.
· 채소 재배
건강하고 영양가 있는 작물을 기르는 실용적인 팁과 기술을 배워보세요.
· 친환경 실천
환경에 도움이 되는 지속 가능한 정원 가꾸기 방법을 알아보세요.

자세한 정보를 원하시면 www.greenthumbworkshops.org 를 방문하거나 (123) 456-7890으로 문의하세요.

10. (A)에 들어갈 윗글의 제목으로 가장 적절한 것은?

① Learn to Grow a Greener Community
더 푸른 지역 사회를 만드는 법 배우기
② Gardening for Professionals
전문가를 위한 정원 가꾸기
③ How to Save Pollinators
수분 매개체를 보호하는 방법
④ Planning a Large-Scale Farm
대규모 농장을 계획하는 법

지문에서는 "Community Gardening Workshop"이 야채를 키우고 주변 환경을 아름답게 만드는 방법을 배우고, 더 푸른 지역 사회를 만드는 데 초점이 맞춰져 있다고 언급하고 있다. 따라서 "Learn to Grow a Greener Community"가 가장 적합한 제목이다.

11. Community Gardening Workshop에 관한 윗글의 내용과 일치하지 않는 것은?

① 작물을 재배하는 기술을 배울 수 있다.
② 초보자와 숙련자 모두 참여할 수 있다.
③ 일요일 오후 2시까지 열린다.
④ 정원을 설계하는 방법에 대해 배울 수 있다.

지문에서 워크숍 시간은 "10:00 a.m. - 2:00 p.m."로 명시되어 있으므로, 오후 시간까지 진행된다는 내용은 지문과 맞지 않는다.

12. 다음 글의 목적으로 가장 적절한 것은?

```
         Send      Preview      Save
To       clients@moneywise.com
From     advisor@moneywise.com
Date     September 5, 2025
Subject  Important notice
         My PC    Browse
```

친애하는 고객님,

올바른 재정 관리는 재정적 안정과 장기적인 목표 달성을 위한 필수 습관입니다. 스마트한 금융 습관을 기르면 더 많은 돈을 저축하고, 불필요한 부채를 피하며, 미래를 계획할 수 있습니다. 다음은 개인 재정을 효과적으로 관리하는 다섯 가지 필수 방법입니다.

1. 지출을 추적하여 불필요한 소비를 확인하세요.
2. 월간 예산을 설정하고 이를 엄격히 준수하세요.
3. 정기적으로 일정 금액을 저축하세요.
4. 가능한 한 높은 이자의 부채를 피하세요.
5. 퇴직 저축을 포함한 미래 목표를 계획하세요.

더 많은 재정 관리 조언을 원하시면 웹사이트를 방문하세요. 예산 관리, 저축, 투자 등에 대한 전문가의 통찰을 확인할 수 있습니다. 오늘부터 작은 금융 습관을 개선하면, 더 안정되고 걱정 없는 미래를 만들 수 있습니다.

진심을 담아,
MoneyWise 팀 드림

① to offer investment services to clients
   고객에게 투자 서비스를 제공하기
② **to provide financial management tips**
   금융 관리 팁을 제공하기
③ to promote a budgeting tool for users
   사용자에게 예산 관리 도구를 홍보하기
④ to announce changes in banking policies
   은행 정책 변경을 안내하기

이 이메일은 구독자들에게 보안 수칙을 제공하여 계정 보호 방법을 안내하는 것이 목적이다.

13. 다음 글의 주제로 가장 적절한 것은?

산림 파괴는 심각한 환경 문제로, 생물 다양성 감소, 생태계 파괴, 대기 중 이산화탄소 증가를 초래한다. 대규모 벌목과 농경지 확장은 산림 파괴의 주요 원인이며, 특히 열대 우림에서 심각하게 발생한다. 과학자들은 산림 파괴가 지속될 경우, 기후 변화가 가속화되고 수많은 생물 종의 생존이 위협받을 수 있다고 경고하고 있다. 이 문제를 해결하기 위해, 정부와 환경 보호 단체들은 산림 복원 프로젝트와 지속 가능한 토지 관리 방법을 추진하고 있지만, 장기적인 해결을 위해서는 전 세계적인 협력이 필수적이다.

① how trees contribute to clean air
   나무가 깨끗한 공기에 기여하는 방식
② history of global reforestation efforts
   전 세계 산림 복원 노력의 역사
③ role of agriculture in economic development
   농업이 경제 발전에 미치는 역할
④ **consequences of deforestation on the environment**
   산림 파괴가 환경에 미치는 영향

이 글은 산림 파괴가 생물 다양성 감소, 기후 변화 가속화, 생태계 파괴 등의 환경적 영향을 미치는 방식을 설명하고 있다. 따라서 "산림 파괴가 환경에 미치는 영향"이 가장 적절한 주제이다.

14. 다음 글의 내용과 일치하지 않는 것은?

해양 연구 센터(Oceanographic Research Center)는 해양 연구의 중심지이며, 해양 생태계에 대한 인터랙티브 전시를 제공하는 곳입니다. 운영 시간은 월요일부터 토요일까지 오전 8시~오후 7시이며, 일요일과 신년(New Year's Day)에는 휴관합니다. 방문객들은 아래 제공된 링크를 통해 사전 온라인 티켓 구매 가능하며, 결제 후 확인 이메일을 받아야 하며, 체크인 시 디지털 또는 출력된 티켓을 제시해야 합니다.

• 온라인 티켓: reservations.oceanresearch.com

해양 연구 센터와 심해 탐사관(Deep-Sea Exploration Hall)은 별도의 입장료가 부과되며, 성인 요금은 각각 $18.00입니다. 수족관 비하인드 투어 및 해양 생물 먹이 주기 체험 티켓은 메인 입구에서 구매 가능합니다.

• 휴관일: 일요일 및 신년

해양 과학자들은 센터의 수생 연구실을 무료로 이용 가능하지만, 심해 표본 컬렉션에 접근하려면 특별 승인이 필요합니다.

추가 정보 문의: 1 (866) 777-3456.

① Online ticket confirmation is required at check-in.
   온라인 티켓 확인이 체크인 시 필요하다.
② **General admission includes the Deep-Sea Exploration Hall.**
   일반 입장권에는 심해 탐사관이 포함된다.
③ Researchers can use aquatic labs without a fee.
   연구원들은 수생 연구실을 무료로 이용할 수 있다.
④ The center is closed on Sunday.
   센터는 일요일에 운영하지 않는다.

글에서 "The Oceanographic Research Center and the Deep-Sea Exploration Hall require separate admission fees."(해양 연구 센터와 심해 탐사관은 별도의 입장료가 부과됨)이라고 명시되어 있다. 즉, 심해 탐사관은 일반 입장권에 포함되지 않으며, 별도의 티켓 구매가 필요하다.

15. 다음 글의 요지로 가장 적절한 것은?

글로벌 차원의 사이버 범죄 대응
국제 사이버 보안 집행국(ICEB)은 사이버 범죄를 탐지하고 예방하는 책임을 맡고 있는 기관이다. ICEB는 전 세계 법 집행 기관과 협력하여 해커, 온라인 사기, 데이터 유출을 차단하는 데 중점을 둔다.

디지털 범죄 조사
사이버 범죄자들은 기업, 정부, 개인을 자주 표적으로 삼는다. ICEB는 신원 도용, 피싱 사기, 랜섬웨어 공격과 같은 불법 활동을 추적하여, 당국이 범죄자를 식별하고 기소할 수 있도록 돕는다.

또한, ICEB는 사이버 위협에 대한 대중의 인식을 높이고, 개인정보 보호 및 온라인 보안 실천을 향상시키는 지침을 제공한다.

① ICEB focuses on raising cybersecurity awareness.
   ICEB는 사이버 보안 인식 개선에 집중한다.
② ICEB protects businesses from hackers and frauds.
   ICEB는 기업을 해커와 사기로부터 보호한다.
③ **ICEB investigates and prevents cybercrime.**
   ICEB는 사이버 범죄를 조사하고 예방한다.
④ ICEB collaborates with public awareness agencies.
   ICEB는 대중 인식 기관과 협력한다.

이 글은 ICEB가 전 세계적으로 사이버 범죄를 조사하고, 예방하며, 법 집행 기관과 협력하여 범죄자를 식별하고 기소하는 데 도움을 주는 역할을 설명하고 있다. 따라서 ③번 "ICEB는 사이버 범죄를 조사하고 예방한다."라는 선택지가 가장 적절하다.

16. 다음 글의 흐름상 어색한 문장은?

과학적 발전은 현대 의학을 크게 향상시켰다. ① 새로운 백신은 치명적인 질병의 확산을 막아 전 세계 수백만 명의 생명을 구했다. ② 유전학의 획기적인 발전은 맞춤형 의료의 길을 열어, 개별 환자에 맞는 치료가 가능하게 했다. ③ 대체 의학에 대한 대중의 인식이 높아지면서, 허브 치료와 전인적 치유법에 대한 관심이 커지고 있다. ④ 인공지능은 질병을 더 정확하게 진단하고 신약 개발을 지원하는 데 사용되고 있다. 지속적인 의학 연구 투자는 더 나은 의료 결과와 삶의 질 향상으로 이어진다.

이 글은 과학적 발전이 현대 의학에 미친 긍정적인 영향을 주제로 하고 있다. ①, ②, ④번 문장은 모두 과학 기술이 현대 의학을 어떻게 발전시켰는지를 설명한다. (① 백신 개발 → 질병 확산 방지, ② 유전학 발전 → 맞춤형 의료 제공, ④ 인공지능 → 질병 진단과 신약 개발 지원) 그러나 ③번 문장(대체 의학에 대한 관심 증가)은 과학적 발전이 아니라, 대중의 인식 변화와 전통적 치료법에 대한 관심 증가를 다루고 있어 글의 흐름에서 벗어난다.

17. 주어진 문장이 들어갈 위치로 가장 적절한 것은?

그러나 높은 비용, 안전 문제, 환경적 우려와 같은 도전 과제들은 여전히 중요한 장애물로 남아 있다.

우주 관광은 더 이상 공상과학 속 개념이 아니다. (①) 최근 기술 발전으로 민간 기업들이 상업적 우주 여행을 개발할 수 있게 되어 일반인들도 우주를 경험할 수 있게 되었다. (②) SpaceX와 Blue Origin과 같은 기업들은 이미 훈련된 우주비행사 외에도 우주 탐사 접근을 확대하는 임무를 발사했다. (③) 전문가들은 또한 우주 상업화가 우주 쓰레기 문제나 자원 경쟁과 같은 문제를 초래할 수 있다고 경고한다. (④) 이러한 도전에도 불구하고, 지속적인 혁신은 언젠가 우주 관광을 보다 저렴하게 만들어 궤도 호텔이나 달 여행과 같은 발전을 이끌 수 있다.

주어진 문장은 우주 관광이 직면한 문제점을 설명하고 있는데, '그러나'로 시작하므로 앞에 상반된 내용이 올 것을 유추할 수 있다. 본문에서 ③번 전까지는 우주 관광의 기술적 발전과 민간 기업의 노력을 다루고 있고, ③번 이후는 우주 관광이 초래할 수 있는 문제(우주 쓰레기, 자원 경쟁 등)를 언급하고 있다. 또한 ③번 바로 뒤 문장에서 "전문가들이 '또한' 문제를 경고한다"고 말하고 있으므로, 주어진 문장이 ③번에 위치하여 문제점을 제시하는 것이 문맥상 자연스럽다.

18. 주어진 글 다음에 이어질 글의 순서로 가장 적절한 것은?

버스 정류장은 거의 비어 있었고, 희미한 가로등이 보도 위에 긴 그림자를 드리우고 있었다. 차가운 바람이 스쳐 지나가자 나는 코트를 더 꽉 여몄다.

(A) 나는 시계를 확인하며 마지막 버스가 몇 분 안에 도착할 것임을 깨달았지만, 거리는 여전히 으스스할 정도로 조용했다.
(B) 들려오는 소리는 멀리서 나는 희미한 교통 소리와 바람에 스치는 나뭇잎 소리뿐이었다.
(C) 마침내 도로 끝에서 헤드라이트가 보였고, 나는 안도의 한숨을 내쉬며 천천히 다가오는 버스를 바라보았다.

① (A) - (B) - (C)
② (A) - (C) - (B)
③ (B) - (A) - (C)
④ (C) - (A) - (B)

(A) 시계를 확인하며 버스를 기다린다.
(B) 버스는 아직 보이지 않는 조용한 거리의 소리를 묘사한다.
(C) 마침내 버스가 도착하고, 기다림이 끝나는 장면이 자연스럽게 이어진다.

[19~20]. 밑줄 친 부분에 들어갈 말로 가장 적절한 것을 고르시오.

19.

틱톡과 인스타그램 릴스와 같은 숏폼 비디오 플랫폼의 부상은 엔터테인먼트 산업을 변화시켰다. 이러한 플랫폼은 크리에이터들에게 콘텐츠를 빠르게 공유하고 글로벌 시청자와 소통할 수 있는 공간을 제공한다. 특히 젊은 사용자들 사이에서 인기가 급증하면서, 시청 습관이 빠르고 쉽게 소비할 수 있는 영상 중심으로 변화하고 있다. 그러나 숏폼 콘텐츠의 지배적인 위치는 _____, 주의 집중 시간의 단축, 콘텐츠 과포화, 그리고 롱폼 콘텐츠 제작자들이 겪는 어려움과 같은 문제를 초래할 수 있다. 이러한 변화는 시청자 참여와 콘텐츠 다양성에 대한 장기적인 영향에 대한 논쟁을 불러일으키고 있다.

① enhances the quality of long-form content creation
  장편 콘텐츠 제작의 질을 향상시킨다
② reduces screen time for most users
  대부분의 사용자의 화면 시간을 줄인다
③ raises concerns about digital consumption habits
  디지털 소비 습관에 대한 우려를 발생시킨다
④ guarantees success for all digital creators
  모든 디지털 창작자의 성공을 보장한다

지문은 짧은 영상 콘텐츠의 부상으로 인해 나타난 부정적인 영향을 강조하고 있다. 집중력 저하, 콘텐츠 과잉, 장편 콘텐츠 제작자의 어려움은 모두 짧은 콘텐츠 소비가 시청 습관에 미치는 부정적인 영향이다. ③번(디지털 소비 습관에 대한 우려를 제기한다)는 이러한 부정적 영향을 잘 설명하며, 빈칸에 가장 적절한 내용이다.

20.

많은 사람들은 행복이 부, 지위, 물질적 소유와 같은 외적 성취의 결과라고 믿는다. 그러나 심리학 연구에 따르면 행복은 감사, 개인적 관계, 삶의 목적과 같은 내적 요인과 더 밀접하게 관련되어 있다. 물질적 성공을 좇는 사람들은 종종 성취 후에도 공허함을 느끼는 경우가 많다. 반대로, 의미 있는 관계를 키우고 현재 순간을 소중히 여기는 사람들은 더 큰 행복을 경험하는 경향이 있다. 외적 성취는 일시적인 만족을 줄 수 있지만, 장기적인 행복은 _____에서 나오며, 이는 충만하고 균형 잡힌 삶을 만들어 준다.

① chasing wealth and status above all
  부와 지위를 무엇보다 추구하는 것
② depending only on external factors for happiness
  행복을 위해 외적 요인에만 의존하는 것
③ building gratitude and meaningful connections
  감사와 의미 있는 관계를 쌓는 것
④ neglecting emotional health and growth
  감정적 건강과 성장을 소홀히 하는 것

본문은 물질적 성공을 좇는 사람들은 공허함을 느끼지만, 감사와 의미 있는 관계를 중요시하는 사람들은 더 큰 행복을 경험한다고 설명한다. 빈칸에는 '장기적인 행복'을 제공하는 요소가 들어가야 하며, 지문에서 강조한 '내적 요인'이 정답이어야 한다. ③번(감사와 의미 있는 관계를 쌓는 것)은 지문의 핵심 내용을 잘 반영하고 있으며, 장기적인 행복의 근원으로 가장 자연스럽다.

영 어

[1~3] 밑줄 친 부분에 들어갈 말로 가장 적절한 것을 고르시오.

1. 그의 행동은 너무 _____해서 모두가 즉시 그를 알아봤다.

① obscure (모호한)
② vocal (목소리가 큰)
③ conspicuous (눈에 띄는)
④ superficial (피상적인)

문장에서 "everyone noticed him immediately(모두가 즉시 그를 알아차렸다)"라는 부분을 통해, 그의 행동이 매우 눈에 띄었다는 것을 알 수 있다. conspicuous는 "눈에 띄는, 두드러지는"의 뜻으로 가장 적절하다.

2. 교수님은 학생들에게 다음 주까지 프로젝트를 _____라고 말했다.

① permit (허가하다)
② submit (제출하다)
③ subscribe (구독하다)
④ prescribe (처방하다)

"by next week(다음 주까지)"라는 표현에서 기한이 정해져 있는 일을 요구하고 있음을 알 수 있으며, 교수님이 학생들에게 프로젝트를 제출하라고 요청하는 것이 자연스럽다.

3. 수년간 진행된 광범위한 연구를 고려할 때, 과학자들은 새로운 백신이 공중 보건에 상당한 영향을 _____ 확신하고 있다.

① have
② has
③ having
④ will have (가지다)

백신이 앞으로 영향을 미칠 것이므로 미래 시제가 필요하다. will have는 "미래에 영향을 미칠 것이다"라는 의미로 문맥에 적절하다.

[4~5] 밑줄 친 부분 중 어법상 옳지 않은 것을 고르시오.

4. 그녀가 회의를 연기하기로 한 결정은 몇몇 동료들을 불편하게 만들었다. 그녀는 연기로 인한 영향을 과소평가했음을 인정했지만, 그것이 필요했다고 믿었으며, 다음 주로 재조정할 것을 제안했다.

④ to reschedule (→ rescheduling)

동사 "suggest"는 뒤에 동명사(동사에 -ing를 붙인 형태)를 목적어로 취하므로 "rescheduling"으로 수정해야 한다.

5. 환경 정책을 규제하기 위해 시행된 모든 시스템은 단순히 규칙을 정하는 것뿐만 아니라 이를 시행할 수 있어야 한다. 사실, 나는 이것을 기후 변화에 효과적으로 대응할 수 있는 주요 방법이라고 본다. 이것은 협력과 혁신이 모두 필요하다.

④ that (→ which)

that은 제한적 관계대명사로 사용될 수 있지만, 여기서는 선행사 "climate change"를 보충 설명하는 비제한적 용법이므로 "which"가 더 적절하다. "which"는 앞 문장을 받아 추가 설명하는 역할을 할 수 있다.

[6~7] 밑줄 친 부분에 들어갈 말로 가장 적절한 것을 고르시오.

6.
Taylor Lee: 내일 팀 회의에 참석하나요? 2:03
Justin McArthur: 잘 모르겠어요. 아침에 치과 예약이 있어서요. 2:03
Taylor Lee: 참석해야 해요! 회의에서 다음 분기 계획을 논의할 거예요. 2:04
Justin McArthur: 정말 중요한 내용이네요. 일정을 조정해볼게요. 2:04
Taylor Lee: 좋아요! 그런데 인사팀에 참석 여부를 꼭 알려주세요. 2:05
Justin McArthur: 어떻게 하면 되나요? 2:05
Taylor Lee: _____ 2:05

① You need to check your email for the meeting link.
   회의 링크를 확인하려면 이메일을 확인해야 합니다.
② You should inform HR through the company portal.
   회사 포털을 통해 인사팀에 알리셔야 합니다.
③ I already spoke to HR about it.
   그것에 대해 이미 인사팀과 이야기했어요.
④ Send the agenda before the meeting.
   회의 전에 안건을 보내주세요.

빈칸 앞에서 Justin이 "How do I do that?"(어떻게 하면 되나요?)라고 질문했으므로, Taylor가 답변해야 할 내용은 "HR에 참석 여부를 알리는 방법"이다. ②번이 이를 명확하게 설명하므로 정답이다.

7.
A: 업무용으로 새 노트북을 사려고 생각 중입니다.
B: 좋은 생각입니다. 특정 브랜드를 생각하고 계신가요?
A: 아니요, 그저 가볍고 성능이 좋은 걸 원합니다.
B: Dell이나 Apple의 최신 모델을 추천드립니다.
A: 가격이 비싼가요?
B: 모델에 따라 다르지만, 꽤 저렴한 것도 있습니다.
A: 현재 할인 행사가 있는지 아세요?
B: _____
A: 좋네요! 주말에 한번 확인해볼게요.

① You need to order them directly from the factory.
   공장에서 직접 주문하셔야 합니다.
② Yes, they're offering discounts on select models.
   네, 특정 모델에 대해 할인을 하고 있습니다.
③ They don't sell laptops anymore.
   그들은 더 이상 노트북을 판매하지 않습니다.
④ No, you have to pay full price for everything.
   아니요, 모든 것을 정가로 구매하셔야 합니다.

A가 "Do you know if they have any promotions right now?"(현재 할인 행사가 있는지 아세요?)라고 질문했으므로, B의 대답은 "할인 행사 여부"에 대한 답변이어야 한다. ②번이 "할인을 제공하고 있다"는 직접적인 답변이므로 가장 적절하다.

[8~9] 다음 글을 읽고 물음에 답하시오.

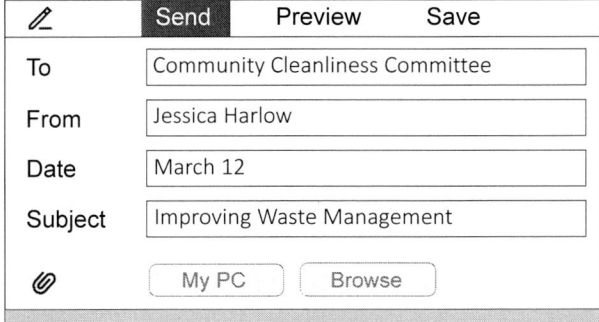

존경하는 지역 청결 위원회 여러분께,

안녕하세요. 저는 우리 동네의 불규칙한 쓰레기 수거 일정에 대해 우려를 표하기 위해 이 이메일을 작성합니다. 최근 쓰레기 수거 지연으로 인해 불쾌한 냄새와 비위생적인 상태가 발생하여 주민들의 삶의 질에 부정적인 영향을 미치고 있습니다.

지역 사회의 일원으로서, 동네가 깨끗하고 살기 좋은 환경을 유지할 수 있도록 더 일관된 쓰레기 수거 일정을 마련해 주실 것을 요청드립니다. 정기적인 쓰레기 제거는 위생을 개선할 뿐만 아니라 잠재적인 건강 위험을 방지할 것입니다.

이 문제에 주의를 기울여 주셔서 감사합니다. 답변을 기다리겠습니다.

진심을 담아,
제시카 할로우

8. 윗글의 목적으로 가장 적절한 것은?

① 동네의 불법 쓰레기 투기에 대해 보고하려고
② 더 정기적인 쓰레기 수거 일정을 요청하려고
③ 이웃의 쓰레기 처리 습관에 대해 불만을 제기하려고
④ 도시의 쓰레기 관리 정책에 대해 논의하려고

Jessica는 불규칙한 쓰레기 수거 일정이 문제라는 점을 강조하며, 해결책으로 "더 일관된 쓰레기 수거 일정 마련(establish a more consistent garbage collection schedule)"을 제안하고 있다.

9. 밑줄 친 "establish"의 의미와 가장 가까운 것은?

① set up (설정하다)
② put up (참다)
③ set off (촉발시키다)
④ turn off (끄다)

establish는 "설립하다, 확립하다, 정착시키다"의 뜻으로, 특정 제도나 시스템을 만들고 정착시키는 의미이다. set up은 시스템이나 규칙 등을 만드는 것을 의미하므로 가장 적절하다.

[10~11] 다음 글을 읽고 물음에 답하시오.

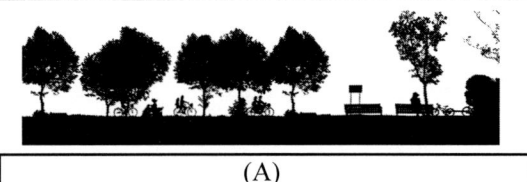

(A)

Maplewood 공원은 수십 년 동안 소중한 지역 커뮤니티 공간으로 자리 잡아왔습니다. 그러나 공원의 큰 부분을 쇼핑몰로 대체하자는 최근 제안은 주민들의 우려를 낳고 있습니다.

Maplewood Community Action Group은 공원을 보호할 방법을 논의하기 위한 회의를 조직하고 있습니다. 주민들의 의견은 지역의 삶의 질을 높이는 녹지 공간을 보존하는 데 필수적입니다.

누가 나무를 콘크리트로 바꾸고 싶겠습니까?

후원: Maplewood Community Action Group

· 장소: Maplewood 타운 홀, Room 301
· 날짜: 2024년 10월 12일 목요일
· 시간: 오후 6시

자세한 정보는 www.savemaplewoodpark.org를 방문하거나 (789) 123-4567로 문의하세요.

10. (A)에 들어갈 윗글의 제목으로 가장 적절한 것은?

① Maplewood Community Concerns
메이플우드 지역 사회의 우려
② Build a Shopping Mall in Maplewood
메이플우드에 쇼핑몰 건설하기
③ Green Spaces in the City
도시의 녹지 공간
④ A Call to Protect Maplewood Park
메이플우드 공원 보호를 위한 요청

글의 주된 목적은 쇼핑몰 건설 반대 및 공원 보호이므로, "공원을 보호하자"는 의미가 직접적으로 담긴 제목이 가장 적절하다.

11. 위 안내문의 내용과 일치하지 않는 것은?

① 공원은 오래된 지역 커뮤니티 공간이다.
② 공원을 보전하기 위해 주민들의 의견이 필요하다.
③ 회의는 2025년 10월 12일에 열린다.
④ 쇼핑몰 건설 제안은 이미 승인되었다.

본문에서는 쇼핑몰 건설 제안(proposal)이 나왔을 뿐, 승인되었다는 언급은 없다. 지역 커뮤니티가 공원을 보호하기 위해 회의를 조직하는 중이며, 주민들의 의견이 중요하다고 강조하고 있다. 따라서 "이미 승인되었다"는 내용은 본문과 일치하지 않는다.

12. GreenRide 앱에 관한 다음 글의 내용과 일치하지 않는 것은?

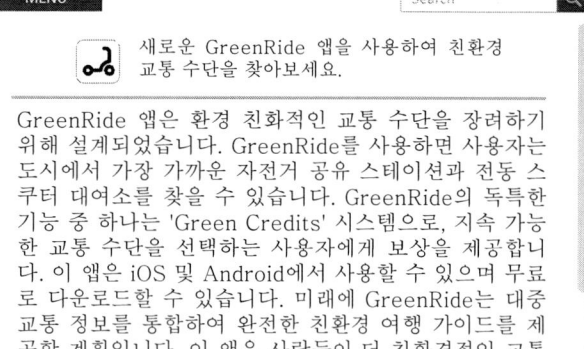

① It helps users find bike-sharing stations.
   사용자가 자전거 공유 스테이션을 찾을 수 있도록 돕는다.
② Users can earn rewards for using sustainable transport.
   지속 가능한 교통 수단을 이용하면 보상을 받을 수 있다.
③ It can be used on both iOS and Android.
   iOS와 Android에서 사용할 수 있다.
④ It requires a monthly subscription fee.
   매월 구독료가 필요하다.

본문에서 앱이 무료로 다운로드 가능하다고 명시되어 있다. 따라서 매월 구독료가 필요하다는 내용은 사실과 다르다.

13. National Cybersecurity Agency에 관한 다음 글의 내용과 일치하는 것은?

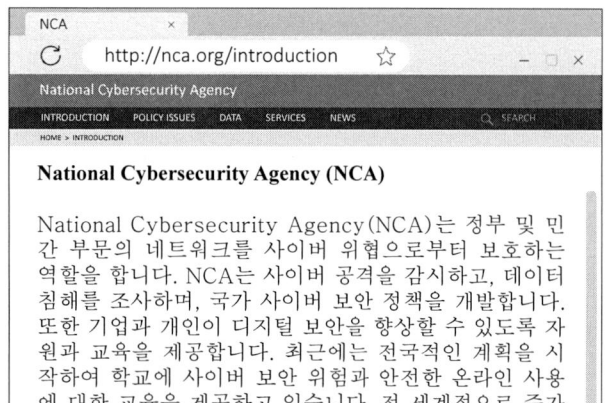

① It ignores cyber threats that affect private businesses.
   민간 기업에 영향을 미치는 사이버 위협을 무시한다.
② It provides cybersecurity training only for individuals.
   개인을 위해서만 사이버 보안 교육을 제공한다.
③ It collaborates with international organizations.
   국제 기관과 협력한다.
④ It mandates shutdowns in case of a cyberattack.
   사이버 공격이 발생하면 시스템 종료를 의무화한다.

본문에서 "NCA has also strengthened its collaboration with international cybersecurity organizations to prevent cross-border cybercrimes." (국제 사이버 보안 기관들과의 협력을 강화하여 국가 간 사이버 범죄를 방지하고 있습니다.) 라는 내용이 있으므로, ③번이 일치한다.

14. 다음 글의 주제로 가장 적절한 것은?

소방 및 응급 서비스 부서는 전기 기기의 부적절한 사용과 요리 중 자리 비움으로 인해 주거 화재가 증가했다고 보고했다. 많은 사고가 과부하된 전기 콘센트, 결함 있는 배선, 가스 레인지 끄는 것을 잊는 등의 원인과 관련이 있다. 이러한 위험을 예방하기 위해 해당 부서는 주민들에게 연기 감지기를 설치하고, 전기 배선을 정기적으로 점검하며, 요리 중 자리를 비우지 않도록 권장한다. 또한, 가정 내 소화기를 비치하고 비상 탈출 계획을 마련하면 화재로 인한 부상과 사망률을 크게 줄일 수 있다. 전문가들은 어린이를 포함한 모든 가정 구성원에게 기본적인 화재 안전 조치와 응급 상황에서의 대처 방법을 교육할 것을 권장한다.

① Importance of having a fire extinguisher at home
   가정 내 소화기 비치의 중요성
② Common causes of house fires and prevention methods
   주택 화재의 일반적인 원인과 예방 방법
③ Benefits of using smoke detectors in buildings
   건물에서 연기 감지기를 사용하는 이점
④ Firefighting techniques used by emergency services
   응급 서비스에서 사용하는 화재 진압 기술

본문에서는 주택 화재의 원인(전기 기기 남용, 결함 있는 배선, 요리 중 자리 비움)과 예방 방법(연기 감지기 설치, 전기 배선 점검, 소화기 비치, 비상 탈출 계획)을 다루고 있다. 이는 보기 ②의 "주택 화재의 일반적인 원인과 예방 방법"과 가장 잘 부합한다.

15. 다음 글의 요지로 가장 적절한 것은?

과학자들과 환경 단체들은 삼림 벌채, 오염, 기후 변화로 인해 생물다양성이 급격히 감소하고 있다고 우려하고 있다. 많은 종들이 서식지를 잃고 생존에 어려움을 겪고 있다. 생물다양성 감소는 생태계에 영향을 미치며, 수분 활동 및 해충 방제 기능을 저해하여 식량 안보에도 위협을 준다. 이를 해결하기 위해 서식지 복원, 환경 규제 강화, 보호 지역 확대 등의 노력이 필요하며, 대중의 인식을 높이는 캠페인도 중요하다.

① Protecting biodiversity has economic benefits.
   생물다양성 보호가 경제적 이익을 가져온다
② Pollination is important for food production.
   수분 이 식량 생산에 중요하다
③ Pollution harms agricultural productivity.
   오염이 농업 생산성에 해를 끼친다
④ We need solutions to stop biodiversity loss.
   우리는 생물다양성 손실을 막기 위한 해결책이 필요하다

본문이 생물다양성 감소의 원인과 해결책(서식지 복원, 환경 규제, 보호 지역 확대, 대중 인식 강화)에 대해 설명하고 있으므로, ④번이 전체 내용을 가장 잘 반영한다.

16. 다음 글의 흐름상 어색한 문장은?

수면은 전반적인 건강과 웰빙을 유지하는 데 필수적이다. ① 일관된 수면 일정은 신체의 생체 리듬을 조절하여 에너지 수준과 집중력을 향상시킨다. ② 일부 사람들은 야간 수면 부족을 보충하기 위해 낮잠에 의존하지만, 과도한 낮잠은 자연스러운 수면 주기를 방해할 수 있다. ③ 깊은 수면은 기억을 강화하고 인지 기능을 향상시켜 학습과 문제 해결 능력을 높이는 데 중요하다. ④ 취침 전 스크린을 피하는 것과 같은 올바른 수면 습관은 수면의 질을 개선하고 수면 장애 위험을 줄일 수 있다.

이 글은 수면의 중요성과 좋은 수면 습관이 건강과 인지 기능에 미치는 긍정적인 영향을 다루고 있다. ①, ③, ④번 문장은 모두 수면의 질과 건강, 인지 기능 개선이라는 주제에 맞게 설명되고 있다. 그러나 ②번 문장(낮잠을 통한 보충과 과도한 낮잠의 부작용)은 낮잠에 대한 내용으로, 주제인 '수면의 질과 건강, 인지 기능'에 대한 설명과 다소 거리가 있어 흐름상 어색하다.

17. 주어진 문장이 들어갈 위치로 가장 적절한 것은?

심리학자들은 미루는 행동이 단순히 시간 관리 부족 때문만이 아니라, 감정 조절과 실패에 대한 두려움과도 관련이 있다고 말한다.

미루는 행동은 생산성과 시간 관리에 영향을 미치는 일반적인 행동이다. (①) 사람들은 종종 부정적인 결과를 알면서도 중요한 일을 미루곤 한다. (②) 이러한 회피 성향은 죄책감과 불안을 유발해 일을 시작하는 것을 더 어렵게 만든다. (③) 예를 들어, 많은 사람들이 일의 양에 압도되어 과제를 미루기도 한다. (④) 더 나은 습관을 기르고, 과제를 작은 단계로 나누면 미루는 행동을 줄이고 효율성을 높일 수 있다.

주어진 문장은 미루는 행동이 단순히 시간 관리 문제가 아니라, 감정 조절과 실패에 대한 두려움이라는 심리적 요인과 관련이 있음을 강조한다. ③번 뒤에는 사람들이 일의 양에 압도되어 일을 미루는 구체적인 예시가 제시된다. 따라서 '심리적 요인(감정 조절과 실패의 두려움)'을 언급하는 주어진 문장은 구체적 사례 '일의 양에 압도됨'이 나오기 전에 들어가는 것이 자연스럽다.

18. 주어진 글 다음에 이어질 글의 순서로 가장 적절한 것은?

그 나무는 여전히 마당 한가운데 서 있었고, 가지들은 하늘 높이 뻗어 있었다. 내가 기억하던 것보다 더 컸지만, 나 역시 그랬다.

(A) 나는 거친 나무껍질을 손가락으로 만지며, 잎 사이에 앉아 미래를 꿈꾸던 시절을 떠올렸다.
(B) 아버지가 한때 그 가지 중 하나에 매달아 주었던 그네는 사라졌지만, 여전히 밧줄이 있던 자국이 희미하게 보였다.
(C) 그곳에 서서 나는 깨달았다. 시간이 흘러도, 이 나무와 그 나무에 깃든 추억은 언제나 남아 있을 것임을.

① (A) - (C) - (B)
② (B) - (A) - (C)
③ (B) - (C) - (A)
④ (C) - (B) - (A)

(B): 아버지가 매달아 주신 그네의 흔적을 발견하며 과거와의 연결을 떠올린다.
(A): 나무에 직접 손을 대며 어린 시절 미래를 꿈꾸던 추억을 떠올린다.
(C): 마지막으로, 시간이 흘러도 변하지 않는 추억과 나무의 존재를 깨닫는 마무리가 자연스럽다.

[19~20]. 밑줄 친 부분에 들어갈 말로 가장 적절한 것을 고르시오.

19.

드론은 농업, 건설, 긴급 대응, 배송 서비스 등 다양한 산업에서 사용되고 있다. 접근하기 어려운 지역에 빠르게 도달할 수 있는 능력 덕분에, 드론은 재난 구조와 환경 모니터링에 유용한 도구가 되었다. 그러나 개인 정보 보호와 _____ 에 대한 우려는 드론 사용에 대한 더 엄격한 규제를 요구하는 목소리로 이어졌다. 정부는 안전성을 해치지 않으면서도 드론이 책임감 있게 사용되도록 정책을 마련하고 있다.

① potential misuse for surveillance and spying
감시와 스파이 행위에 악용될 가능성
② reducing the efficiency of emergency services
긴급 서비스의 효율성 감소
③ eliminating the need for satellite imagery
위성 이미지의 필요성 제거
④ improving personal safety
개인 안전 개선

지문에서는 드론이 다양한 산업과 재난 구조 등에서 유용하게 사용되고 있지만, 동시에 개인 정보 보호 문제가 우려로 언급되고 있다. 빈칸에는 드론 사용과 관련된 또 다른 우려 사항이 들어가야 하며, 개인 정보 보호와 자연스럽게 연결되는 내용이어야 한다. ①번(감시와 스파이 행위에 악용될 가능성)은 개인 정보 보호 문제와 직접적으로 연관되며, 드론이 사생활을 침해할 수 있다는 우려로 이어질 수 있어 가장 적절한 선택지이다.

20.

첫인상은 누군가를 만난 후 몇 초 안에 형성되며, 이는 종종 그 사람에 대한 오래 지속되는 인식에 영향을 미친다. 심리학 연구에 따르면 외모, 목소리 톤, 몸짓 언어와 같은 요소들이 이러한 초기 판단에 영향을 미친다. 첫인상은 때로는 부정확할 수 있지만, 직업적·사회적 상황에서의 결정에 영향을 미칠 수 있다. 사람들은 무의식적인 편견에 의존하여 판단하는 경향이 있기 때문에, 첫인상이 진정성과 자신감을 반영하도록 하기 위해 _____ 하는 것이 중요하다.

① rely entirely on instinctive reactions
본능적인 반응에만 의존하다
② focus only on verbal communication
언어적 의사소통에만 집중하다
③ avoid social interactions to prevent judgment
판단을 피하기 위해 사회적 상호작용을 피하다
④ present oneself with confidence and awareness
자신감과 자각을 가지고 자신을 표현하다

지문에서는 첫인상이 빠르게 형성되고, 외모나 행동이 타인에게 어떻게 비쳐지는지 영향을 미친다고 설명한다. 특히 무의식적인 편견이 작용하기 때문에, 첫인상이 진정성과 자신감을 반영하도록 노력하는 것이 중요하다고 강조한다. ④번(자신감과 자각을 가지고 자신을 표현하다)는 첫인상이 긍정적으로 전달되기 위한 필요 조건으로, 글의 흐름과 정확히 맞아떨어진다.

영 어

[1~3] 밑줄 친 부분에 들어갈 말로 가장 적절한 것을 고르시오.

1. 과학자의 발견은 너무 _____해서 기존 이론에 도전적이었다.

   ① controversial (논란이 되는)
   ② evident (명백한)
   ③ traditional (전통적인)
   ④ predictable (예측 가능한)

   기존 이론에 도전했다(challenged existing theories)는 것은 발견이 논란을 일으켰음을 의미한다. controversial은 "논란이 되는"이라는 뜻으로 문맥에 가장 적절하다.

2. 자금을 줄이기로 한 결정은 _____고, 많은 프로젝트에 즉시 영향을 미쳤다.

   ① optional (선택적인)
   ② gradual (점진적인)
   ③ delayed (지연된)
   ④ abrupt (갑작스러운)

   immediately affected (즉시 영향을 받았다)라는 단서에서 자금 삭감이 갑작스럽게 이루어졌음이 유추 가능하다. abrupt는 "갑작스러운"이라는 뜻으로 문맥에 가장 적절하다.

3. 플라스틱의 광범위한 사용과 부적절한 폐기물 관리가 결합되어 전 세계 바다 오염을 _____는 것으로 보인다.

   ① lead to
   ② be led to
   ③ have led to (초래하다)
   ④ have been led to

   정답은 ③ have led to이다. "have led to"는 과거부터 현재까지 영향을 미친 상황을 나타내는 현재완료형으로 적절하다.

[4~5] 밑줄 친 부분 중 어법상 옳지 않은 것을 고르시오.

4. 그는 새로운 환경에 빠르게 적응하여, 그의 일이 효율적으로 수행되도록 보장했다. 그러나 그는 더 명확하게 의사소통했다면 더 나은 성과를 낼 수 있었을 것이라고 깨달았고, 이는 추가적인 개선으로 이어졌다.

   ③ communicated clearer (→ communicated more clearly)

   "communicated"는 동사이며, 동사를 수식하려면 부사가 필요하다. clearer는 형용사(비교급 "더 명확한")이므로 문법적으로 틀리며, clearly는 부사로, "communicated more clearly" (더 명확하게 의사소통했다)가 올바른 표현이다.

5. 최근 날씨가 예측할 수 없고, 갑작스러운 비가 내리고 있다. 기상 예보에 따르면 내일 비가 올 것이라고 한다. 하지만 많은 사람들이 야외 활동을 계획하고 있다. 경고에도 불구하고, 일부 사람들은 우비와 우산을 준비하여 계획을 강행하기로 결심했다.

   ③ is planning (→ are planning)

   many people은 복수 명사이므로, 동사는 복수형(be 동사의 복수형 "are")이 되어야 하고, 현재 진행형을 유지하면서 올바르게 쓰려면 "are planning"이 되어야 한다.

[6~7] 밑줄 친 부분에 들어갈 말로 가장 적절한 것을 고르시오.

6.
Jennifer Hewitt: 이번 주말에 독서 모임에 오나요? 9:32
Phil Damon: 아직 잘 모르겠어요. 가족 계획이 있을 지도 몰라서요. 9:32
Jennifer Hewitt: 꼭 오세요! 정말 흥미로운 소설을 논의할 거예요. 9:33
Phil Damon: 재미있겠네요. 어떤 책을 논의하나요? 9:34
Jennifer Hewitt: 《위대한 개츠비》예요. 미리 읽어오세요. 9:34
Phil Damon: 어디에서 책을 구할 수 있나요? 9:35
Jennifer Hewitt: _____ 9:35

① The meeting is scheduled for Friday at 7 p.m.
   모임은 금요일 오후 7시에 열릴 예정이에요.
② I haven't reserved a copy for you yet.
   아직 당신을 위한 한 부를 예약하지 못했어요.
③ You should bring your own chair to the meeting.
   모임에 사용할 의자는 직접 가져오셔야 합니다.
④ You can borrow a copy from the library.
   도서관에서 한 부를 대출할 수 있어요.

Phil은 책을 어디서 구할 수 있는지(Where do I find a copy?) 물어보았으므로, 도서관에서 책을 빌릴 수 있다고 알려주는 것이 가장 적절한 답변이다.

7.
A: 새로 생긴 시내 미술관에 가본 적 있으신가요?
B: 아니요, 없어요. 가볼 만한 가치가 있나요?
A: 물론이죠! 지금 현대미술 특별 전시를 하고 있어요.
B: 흥미롭네요. 표는 미리 사야 하나요?
A: 꼭 그럴 필요는 없어요. 입구에서도 구매하실 수 있어요.
B: 표 가격이 얼마인가요?
A: 어른은 10달러, 학생은 5달러입니다.
B: _____
A: 좋아요! 다녀오신 후 어떤지 알려주세요.

① I'll visit only if it's free.
   무료라면 갈게요.
② I'm not particularly interested in art, so I won't go.
   미술에는 큰 흥미가 없어서 안 갈 거예요.
③ That's too expensive. I'll have to pass this time.
   너무 비싸네요. 이번에는 포기해야겠어요.
④ That's reasonable. I'll check it out this weekend.
   괜찮은 가격이네요. 이번 주말에 가볼게요.

A가 "성인은 $10, 학생은 $5"라고 가격을 알려준 후, B는 그 가격이 괜찮다고 반응하고, 미술관을 방문할 의사를 밝히는 것이 가장 자연스럽다. A가 마지막에 "Let me know what you think after you visit."라고 말하는 것도, B가 방문할 계획을 세웠기 때문으로 해석된다.

[8~9] 다음 글을 읽고 물음에 답하시오.

	Send	Preview	Save
To	City Parks Department		
From	David Coleman		
Date	April 25		
Subject	Maintenance in the Local Park		
	My PC	Browse	

시 공원 관리부 귀중,

안녕하세요. 저는 Riverside Park의 유지 보수 필요성에 대해 말씀드리기 위해 이 이메일을 작성합니다. 최근 몇몇 지역, 특히 어린이 놀이터와 산책로가 열악한 상태에 있다는 것을 알게 되었습니다. 깨진 장비와 잡초가 우거진 길 때문에 주민들이 공원을 안전하게 즐기기 어렵습니다.

공원에 자주 가는 방문자로서, 귀 부서에서 이러한 문제를 해결하기 위해 정기적인 정비 일정을 잡아 주실 것을 요청드립니다. 공원이 깨끗하고 안전하게 유지되면 지역 사회에 큰 혜택을 줄 것이며, 더 많은 주민들이 시설을 이용하도록 장려할 것입니다.

이 문제에 대한 관심에 감사드리며, 계획된 개선 사항에 대해 듣기를 기대합니다.

진심을 담아,
데이비드 콜맨

8. 윗글의 목적으로 가장 적절한 것은?

① 도시에 새로운 공원을 만드는 제안을 하려고
② 공원의 다른 방문객들에 대해 불평하려고
③ **깨진 장비와 길에 대한 안전 문제를 보고하려고**
④ 도시의 쓰레기 관리 정책에 대해 논의하려고

이메일에서 작성자는 공원의 열악한 상태를 해결하고 정비 일정을 마련해 줄 것을 요청하고 있다.

9. 밑줄 친 "frequent"의 의미와 가장 가까운 것은?

① capable (유능한)
② efficient (효율적인)
③ specific (구체적인)
④ **regular (자주 ... 하는)**

"frequent"는 문맥상 공원에 자주 가는(regular) 방문자라는 의미이다.

[10~11] 다음 글을 읽고 물음에 답하시오.

(A)

재정을 스스로 관리할 준비가 되셨나요? 재무 교육 세미나에 참여하여 예산 관리, 저축, 그리고 부채를 효과적으로 관리하는 방법을 배워보세요. 누가 재정적 스트레스를 받으며 살고 싶겠습니까? 이 세미나는 재정 전문가들이 제공하는 실질적인 팁을 통해 여러분이 목표를 달성할 수 있도록 돕습니다.

세부사항
· 날짜: 7월 6일 (목요일)
· 시간: 오후 6시 - 오후 8시
· 장소: 다운타운 컨퍼런스 홀

주요 내용
· 예산 관리 기초
  수입과 지출을 효과적으로 관리하는 실용적인 기법을 배워보세요.
· 스마트 투자
  전략적인 투자 결정을 통해 재산을 증대시키는 방법을 이해하세요.
· 부채 관리
  기존 부채를 상환하고 미래의 재정적 어려움을 예방하는 유용한 전략을 알아보세요.

세미나 전체 일정은 www.financialsuccess.org 를 방문하시거나 (888) 765-4321로 문의하세요.

10. (A)에 들어갈 윗글의 제목으로 가장 적절한 것은?

① Financial Stress Solutions
   재정적 스트레스 해결책
② **Take Charge of Your Finances**
   재정을 주도적으로 관리하기
③ Smart Ways to Invest
   현명한 투자 방법
④ Managing Debt Wisely
   부채를 현명하게 관리하기

스스로 재정을 관리하는 능력을 키우기 위한 세미나를 소개하는 글의 내용을 반영하는 제목이 가장 적절하다.

11. Financial Literacy Seminar에 관한 윗글의 내용과 일치하지 않는 것은?

① 자산을 키우는 방법에 대해 배울 수 있다.
② **7월 6일 오전에 열린다.**
③ 부채를 관리하는 방법에 대해 배울 수 있다.
④ 재정 전문가들에 의해 진행된다.

본문에 세미나는 7월 6일 오후 6~8시에 진행된다고 명시되어 있다.

12. LanguagePro 앱에 관한 다음 글의 내용과 일치하지 않는 것은?

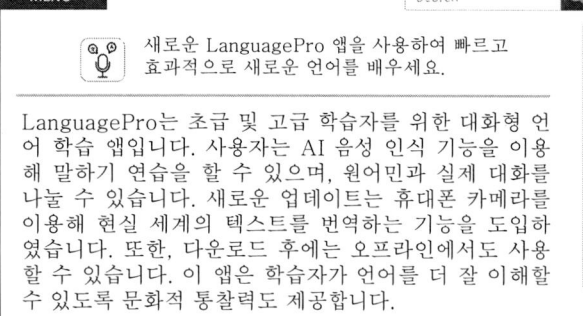

① It offers lessons for both beginners and advanced learners.
   초급자와 고급자를 위한 수업을 제공한다.
② It only works when connected to the internet.
   인터넷에 연결되어 있어야만 작동한다.
③ It allows users to translate text using a camera.
   카메라를 이용해 텍스트를 번역할 수 있다.
④ It helps users practice speaking.
   사용자가 말하기 연습을 할 수 있도록 돕는다.

본문에서 "The app can be used offline after downloading lessons"라고 설명되어 있으므로, 반드시 인터넷 연결이 필요하지 않다.

13. Federal Energy Management Agency에 관한 다음 글의 내용과 일치하는 것은?

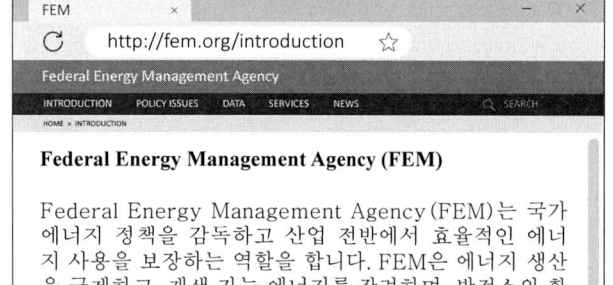

① It only supports fossil fuel energy production.
   화석 연료 에너지 생산만을 지원한다.
② It promotes renewable energy sources such as solar.
   태양광과 같은 재생 가능 에너지를 장려한다.
③ It does not regulate energy production.
   에너지 생산을 규제하지 않는다.
④ It supports power plant projects in rural areas.
   농촌 지역의 발전소 프로젝트를 지원한다.

본문에서 FEM이 재생 가능 에너지를 촉진한다고 명확히 설명하고 있으므로 ②번이 정답이다.

14. 다음 글의 주제로 가장 적절한 것은?

환경 보호청(Environmental Protection Agency)은 도시 지역에서 증가하는 대기 오염 수준에 대한 우려를 제기했다. 대기 오염은 호흡기 질환과 심혈관 질환과 관련이 있으며, PM2.5, 이산화질소, 일산화탄소와 같은 오염 물질이 폐 감염, 천식, 심장병 위험 증가에 기여한다고 설명한다. 이를 완화하기 위해 당국은 차량 및 산업 시설의 배출 규제를 강화하고, 나무를 더 많이 심으며, 대중교통 이용을 장려할 것을 권장하고 있다. 또한, 오염된 공기에 장기간 노출될 경우 인지 저하 및 신경계 질환을 유발할 수 있다는 연구 결과도 있다.

① Health risks related to air pollution and possible solutions
   대기 오염과 관련된 건강 위험 및 가능한 해결책
② Relationship between air pollution and climate change
   대기 오염과 기후 변화의 관계
③ Benefits of public transportation for city residents
   도시 거주자를 위한 대중교통의 이점
④ Impact of industrial production on economic growth
   산업 생산이 경제 성장에 미치는 영향

본문이 대기 오염으로 인한 건강 문제와 이를 해결하기 위한 대책(배출 규제, 나무 심기, 대중교통 장려 등)을 다루고 있으므로 ①번이 가장 적절한 선택지이다.

15. 다음 글의 요지로 가장 적절한 것은?

인공지능(AI)은 의료 산업에서 점점 더 중요한 역할을 하고 있으며, 진단, 치료, 환자 케어를 개선하고 있다. AI 알고리즘은 의료 영상을 분석하고 질병을 조기에 발견하며, 의사들이 더 정확한 진단을 내리는 데 도움을 준다. 머신러닝 기술은 환자의 병력과 유전 정보를 기반으로 맞춤형 치료 계획을 수립하는 데 기여한다. 또한, 병원에서는 AI 챗봇을 활용해 기본적인 의료 상담을 제공하고 예약을 효율적으로 관리하고 있다. AI는 로봇 수술에도 통합되어 보다 정밀하고 최소 침습적인 수술을 가능하게 하며, 회복 시간을 단축하는 데 도움을 주고 있다.

① Hospitals struggle to use AI in medical care.
   병원들은 의료 분야에서 AI를 활용하는 데 어려움을 겪는다.
② AI improves healthcare by helping doctors and patients.
   AI는 의사와 환자를 돕는 방식으로 의료 서비스를 개선한다.
③ AI is changing the economy of medical industries.
   AI는 의료 산업의 경제를 변화시키고 있다.
④ AI raises ethical concerns in medical treatments.
   AI는 의료 치료에서 윤리적 문제를 제기한다.

본문에서 AI가 진단, 치료, 예약 관리, 로봇 수술 등을 통해 의료를 개선한다고 설명하고 있으므로 ②가 가장 적절한 선택지이다.

16. 다음 글의 흐름상 어색한 문장은?

시간 관리는 개인 생활과 직업 생활 모두에서 성공을 이루는 데 중요한 기술이다. ① 과업의 우선순위를 정하고 현실적인 목표를 설정하는 것은 생산성을 높이고 스트레스를 줄이는 데 도움이 될 수 있다. ② 플래너나 디지털 캘린더를 사용하는 것은 개인이 체계적으로 업무를 관리하고 책임을 효율적으로 수행할 수 있도록 한다. ③ 시간에 대한 인식은 사람마다 다르게 나타나며, 일부 사람들은 나이가 들수록 일상이 반복되어 시간이 더 빠르게 흐른다고 느낀다. ④ 불필요한 휴대폰 사용과 같은 방해 요소를 제거하는 것은 집중력을 유지하고 업무를 더 효율적으로 완료하는 데 도움이 된다.

이 글은 시간 관리의 중요성과 효과적인 시간 관리 방법을 설명하고 있다. ①, ②, ④번 문장은 모두 시간 관리 방법과 그로 인한 긍정적 효과를 다루고 있다. (① 우선순위 설정 → 생산성 향상, 스트레스 감소, ② 플래너·디지털 캘린더 사용 → 체계적 관리와 효율성 향상, ④ 방해 요소 제거 → 집중력 향상과 효율적 업무 수행) 그러나 ③번 문장(시간 인식이 사람마다 다르고, 나이가 들수록 시간이 빠르게 느껴진다)은 시간 관리 방법이나 시간 관리의 중요성과 관련이 없이 시간 인식의 주관적 차이를 설명하고 있어, 글의 흐름에서 벗어난다.

17. 주어진 문장이 들어갈 위치로 가장 적절한 것은?

이러한 움직임은 전통적인 도시 설계 원칙에 도전하며, 도시들이 공공 공간을 재구상하도록 장려하고 있다.

'15분 도시'라는 개념은 지속 가능한 도시 계획 모델로 인기를 얻고 있다. (①) 이 아이디어는 주민들이 직장, 교육, 의료, 여가 공간에 도보나 자전거로 15분 이내에 접근할 수 있어야 한다는 것이다. (②) 지지자들은 이 모델이 교통 혼잡을 줄이고, 탄소 배출을 낮추며, 삶의 질을 향상시킨다고 주장한다. (③) 파리와 멜버른과 같은 도시들은 이미 15분 이내 생활권 정책을 추진하고 있다. (④) 더 걷기 좋고 연결된 도시를 만들기 위한 움직임은 도시 공간 설계 방식을 변화시키고 있다.

④번 전까지는 '15분 도시' 개념과 그 장점, 그리고 이를 실현하고 있는 도시들의 사례를 순차적으로 설명하고 있다. 주어진 문장은 '15분 도시'가 기존 도시 설계 방식에 미치는 영향을 강조하는 내용이다. ④번 뒤는 "더 걷기 좋고 연결된 도시를 만들기 위한 움직임은 도시 공간 설계 방식을 변화시키고 있다." 라는 내용으로 '15분 도시'로 인한 변화를 언급하고 있다. 따라서 주어진 문장을 ④번에 넣으면, '전통적인 도시 설계에 도전하는 15분 도시' → '그 결과 도시 설계 방식이 변화하고 있다'라는 자연스러운 원인과 결과의 흐름이 만들어진다.

18. 주어진 글 다음에 이어질 글의 순서로 가장 적절한 것은?

나는 넥타이를 매만지고 깊이 숨을 들이쉰 후 사무실로 들어섰다. 손은 떨리지 않았지만, 머릿속은 오늘 하루가 어떻게 흘러갈지에 대한 생각으로 가득했다.

(A) 방 안은 조용한 대화로 가득 차 있었고, 나만 긴장되고 설레는 기분을 느끼는 것이 아님을 알 수 있었다.
(B) 접수원이 따뜻한 미소로 나를 맞이하며, 새로운 동료들이 모여 있는 회의실로 안내해 주었다.
(C) 자리에 앉으며, 나는 '첫날은 더 큰 여정의 시작일 뿐이며, 한 번에 한 걸음씩 나아가면 된다'고 스스로 다짐했다.

① (A) - (B) - (C)
② (A) - (C) - (B)
③ (B) - (A) - (C)
④ (B) - (C) - (A)

(B): 접수원이 주인공을 맞이하고 회의실로 안내하는 과정이 나오며, 사무실에 들어선 후의 첫 번째 행동으로 자연스럽다.
(A): 회의실에 도착하자, 주변 사람들의 대화와 분위기를 느끼며 긴장과 설렘을 공유한다.
(C): 마지막으로 자리에 앉아 첫날에 대한 다짐을 하며 이야기를 마무리한다.

[19~20]. 밑줄 친 부분에 들어갈 말로 가장 적절한 것을 고르시오.

19. 다섯 가지 감각 중에서 후각은 기억과 감정을 자극하는 데 있어 독보적인 힘을 가진다. 시각적 또는 청각적 자극과 달리, 냄새는 뇌의 변연계에서 직접 처리되며, 이 부분은 기억과 감정 반응과 밀접하게 연결되어 있다. 이것이 바로 특정 향기가 과거 경험을 생생하게 떠올리게 하거나 강한 감정 반응을 불러일으키는 이유다. 연구에 따르면, 후각 기반 기억 회상은 다른 형태의 기억 회상보다 더 상세하고 오래 지속된다고 한다. 향기와 감정 간의 깊은 연결은 _____, 과학자들이 이를 치료, 마케팅, 기억 관련 치료법에 응용하려는 연구를 하게 만들었다.

① downplays the role of smell
후각의 역할을 과소평가한다
② lessens the need for brain research
뇌 연구의 필요성을 줄인다
③ removes emotions from past experiences
과거 경험에서 감정을 제거한다
④ boosts memory and emotional well-being
기억력과 감정적 웰빙을 향상시킨다

본문은 후각이 기억과 감정을 자극하는 독특한 능력을 강조하며, 특정 향기가 과거 경험을 떠올리게 하고 감정을 불러일으킨다고 설명한다. 연구 결과로 후각 기반 기억이 더 생생하고 오래 지속됨을 언급하며, 이러한 특성이 치료, 마케팅, 기억 치료 등 다양한 분야에 활용될 수 있음을 시사한다. 따라서 빈칸에는 후각이 기억력과 감정적 웰빙을 향상시키는 긍정적인 역할을 설명하는 내용이 들어가야 한다. ④번(기억력과 감정적 웰빙을 향상시킨다)은 후각의 독특한 능력과 치료·기억 개선이라는 지문 내용과 가장 잘 맞아떨어진다.

20. 평생 학습은 개인의 성장, 적응력, 그리고 빠르게 변화하는 세상에서의 직업적 성공을 위해 필수적이다. 끊임없이 새로운 지식과 기술을 추구하는 사람들은 더 몰입적이고 창의적이며, 도전에 강한 태도를 유지하는 경향이 있다. 형식적인 교육, 자기 주도 학습, 또는 실습 경험을 통해 지속적인 학습은 지적 호기심과 직업적 발전을 촉진한다. 반면, 학습을 멈추는 사람들은 진화하는 산업과 새로운 기술을 따라가지 못해 어려움을 겪을 수 있다. 끊임없이 변화하는 환경에서 성공하기 위해, _____이 중요하며, 이를 통해 학습은 지속적이고 보람 있는 과정으로 남을 수 있다.

① continue developing skills and knowledge
기술과 지식을 지속적으로 개발하는 것
② avoid challenges to stay comfortable
도전을 피하고 편안함을 유지하는 것
③ stop learning after formal education
형식적 교육 이후 학습을 멈추는 것
④ depend only on past experience
과거 경험에만 의존하는 것

본문에서는 평생 학습이 개인의 성장과 직업적 성공을 이루기 위한 핵심 요소라고 강조한다. 새로운 지식과 기술을 지속적으로 배우는 사람들은 창의적이고 도전에 강하며 발전 가능성이 크다고 설명하며, 학습을 멈춘 사람들은 변화에 적응하지 못할 수 있다고 대비시킨다. 빈칸에는 '끊임없이 변화하는 환경에서 성공하기 위한 핵심 요소'가 들어가야 하며, 이는 지속적인 학습의 중요성을 강조하는 내용이어야 한다. ①번(기술과 지식을 지속적으로 개발하는 것)은 지문의 핵심 메시지와 정확히 일치하며, 평생 학습을 통해 변화에 적응하고 성장하는 과정을 설명하므로 가장 적절한 선택지이다.

영 어

[1~3] 밑줄 친 부분에 들어갈 말로 가장 적절한 것을 고르시오.

1. 그의 연설은 _____ 하여 청중 모두를 감동시켰다.

   ① monotonous (단조로운)
   ② boring (지루한)
   ③ compelling (설득력 있는)
   ④ mundane (재미없는)

   "inspired the entire audience"(청중에게 영감을 주었다)는 긍정적인 의미이므로, 긍정적인 뉘앙스를 가진 형용사가 들어가야 한다. compelling은 "매력적인, 사람의 관심을 끄는, 강렬한"이라는 뜻으로 문맥에 가장 적절하다.

2. 새로운 정책은 모든 분야에서 평등을 _____ 는 것을 목표로 한다.

   ① ensure (보장하다)
   ② diminish (줄이다)
   ③ exploit (착취하다)
   ④ obscure (흐리게 하다)

   정책이 평등을 "확보하고 보장하는 것"이 목표이므로 ensure가 가장 적절하다.

3. 그 과학자는 온도가 화학 반응에 미치는 영향_____ 실험을 수행하며 미래 연구에 귀중한 데이터를 제공했다.

   ① in
   ② on (~에 대한)
   ③ at
   ④ about

   experiment on + 주제는 "~에 대한 실험을 하다"라는 의미로 자연스럽다.
   예시: "The scientist conducted an experiment on human behavior." (과학자는 인간 행동에 관한 실험을 수행했다.)

[4~5] 밑줄 친 부분 중 어법상 옳지 않은 것을 고르시오.

4. 규칙적인 운동이 신체 건강을 향상시킨다는 것은 널리 믿어지고 있다. 그러나 최근 연구에 따르면, 그것이 정신적 웰빙에도 기여한다는 것이 밝혀졌다. 연구자들은 일상 속에서 신체 활동을 포함하는 것의 중요성을 강조하며, 이것이 장기적으로 심각한 건강 문제를 예방할 수 있다고 한다.

   ④ can be prevented (→ can prevent)

   앞 문장에서 언급된 "신체 활동을 포함하는 것"이 능동적으로 건강 문제를 예방하는 주체가 되므로, 능동태 "can prevent"가 문맥상 적절하다.

5. 학생들은 할당된 주제에 대해 에세이를 작성하라는 요청을 받았다. 몇몇은 과제를 완료하지 못했으며, 교사는 그들에게 내일까지 제출하라고 요구하고 있다. 제시간에 제출하도록 독려하기 위해, 선생님은 학생들의 작업에 대해 자세한 피드백을 제공하겠다고 약속했다.

   ② it (→ them)

   submit의 목적어는 essays(복수)인데, "it"(단수 대명사)가 사용되어 오류이다. essays를 가리키려면 복수 대명사 "them"을 사용해야 한다.

[6~7] 밑줄 친 부분에 들어갈 말로 가장 적절한 것을 고르시오.

6.

Harper Adams
다음 달에 사무실 자원봉사 행사에 참여하나요?
1:49

Matthew Blake
아직 잘 모르겠어요. 어떤 행사인가요?
1:50

Harper Adams
지역 공원에서 환경 정화 프로젝트예요.
1:50

Matthew Blake
의미 있는 일이네요. 무엇을 가져가야 하나요?
1:51

Harper Adams
편안한 옷과 긍정적인 마음가짐만 있으면 돼요! 등록하는 것도 잊지 마세요.
1:51

Matthew Blake
어떻게 등록하죠?
1:52

Harper Adams
_____
1:51

① Make sure to read the event guidelines before arriving.
   도착하기 전에 행사 안내 사항을 반드시 읽어보세요.
② You should fill out the form on the company website.
   회사 웹사이트에서 양식을 작성하셔야 합니다.
③ Bring your own cleaning tools to the event.
   행사에 사용할 청소 도구를 직접 가져오세요.
④ Check the event details on the bulletin board.
   게시판에서 행사 세부 사항을 확인하세요.

Matthew는 "How do I register?"라고 질문하며 등록 방법을 묻고 있다. 따라서 Harper의 답변은 등록 절차를 설명하는 내용이어야 한다.

7.
A: 새로운 운동 루틴을 시작하려고 생각 중이에요.
B: 좋은 생각이에요. 어떤 운동을 하실 계획인가요?
A: 유산소 운동과 가벼운 근력 운동에 집중하고 싶어요.
B: 좋네요. 헬스장 회원권이 있으신가요?
A: _____
B: 완벽하네요! 바로 기구를 사용하실 수 있겠네요.
A: 감사합니다. 혹시 그룹 수업도 있는지 아시나요?
B: 네, 있습니다. 그리고 첫 수업은 신규 회원에게 무료예요!

① No, I think gyms are too expensive.
   아니요, 헬스장은 너무 비싸다고 생각해요.
② Yes, but I only use it for swimming.
   네, 하지만 저는 수영만 하려고 사용해요.
③ I don't like working out in gyms.
   저는 헬스장에서 운동하는 걸 좋아하지 않아요.
④ Yes, I just joined a gym near my house.
   네, 집 근처 헬스장에 방금 가입했어요.

밑줄 친 부분에 대한 B의 반응을 보면 A는 헬스장 회원권이 있다고 답해야 자연스럽다. ④번은 최근 헬스장에 가입했다는 내용이라 문맥에 적절하다.

[8~9] 다음 글을 읽고 물음에 답하시오.

```
✎   Send    Preview    Save
To       School Administration Office
From     Emily Richards
Date     May 15
Subject  After-School Programs
📎       [My PC]  [Browse]
```

존경하는 학교 행정실 여러분께,

안녕하세요. 저는 학생들을 위한 방과 후 프로그램을 추가할 것을 제안하기 위해 이 메시지를 보냅니다. 현재 옵션도 유용하지만, 음악 수업, 스포츠, 미술 수업 등 더 다양한 활동을 제공하면 우리 아이들에게 큰 도움이 될 것이라고 많은 학부모들이 생각합니다.

이러한 프로그램은 학생들에게 관심사를 탐구하고 새로운 기술을 개발할 기회를 제공할 수 있습니다. 또한, 방과 후 시간 동안 안전하고 유익한 환경을 제공하여 맞벌이 부모들에게도 큰 도움이 될 것입니다.

이 제안을 검토해 주셔서 감사드리며, 방과 후 프로그램을 확장할 계획에 대해 답변을 기다리겠습니다.

진심을 담아,
에밀리 리차즈

8. 윗글의 목적으로 가장 적절한 것은?

① 학교의 일일 일정을 변경해달라고 요청하려고
② **학생들을 위한 방과 후 활동 추가를 제안하려고**
③ 방과 후 활동의 안전 문제를 보고하려고
④ 현재 프로그램 비용에 대해 불평하려고

이메일은 방과 후 프로그램을 추가해달라는 요청으로, 학생들에게 더 다양한 활동 기회를 제공하는 것이 목적이다. ②번 "학생들을 위한 방과 후 활동 추가를 제안하고자 함"이 이에 가장 적절하다.

9. 밑줄 친 "benefit"의 의미와 가장 가까운 것은?

① **aid (돕다)**
② estimate (추정하다)
③ assess (평가하다)
④ attribute (…의 덕분으로 보다)

문장에서 "benefit"은 학생들에게 긍정적인 영향을 준다는 의미로 쓰였다. ①번 "aid(도움, 혜택)"이 가장 유사한 뜻이다.

[10~11] 다음 글을 읽고 물음에 답하시오.

(A)

매년 수천 톤의 플라스틱 쓰레기가 우리의 환경을 오염시키고 있습니다.

해변, 강, 숲이 점점 쓰레기로 가득 차고 있으며, 이는 생태계를 파괴하고 야생 동물을 해치고 있습니다. 재활용은 단순한 책임이 아니라 지구를 걱정하는 모든 사람들에게 긴급한 필요입니다.

쓰레기를 줄임으로써 우리는 자원을 보존하고 에너지를 절약하며, 미래 세대를 위해 자연을 보호할 수 있습니다. 누가 플라스틱으로 가득 찬 세상에서 살고 싶겠습니까?

많은 지역 사회가 올바른 재활용 방법과 쓰레기를 줄이는 혜택에 대해 주민들에게 교육하는 행사를 개최하고 있습니다. 이것은 큰 변화를 가져올 수 있는 간단한 절차를 배울 수 있는 기회입니다. 지금 참여하여 행동에 나서보세요!

후원: Green Living Initiative

· 장소: 메이플 스트리트 커뮤니티 홀
· 날짜: 2025년 3월 2일 (토요일)
· 시간: 오전 11시

자세한 정보를 원하시면 www.greenliving.org/recycle 를 방문하거나 (123) 456-7890으로 문의하세요.

10. (A)에 들어갈 윗글의 제목으로 가장 적절한 것은?

① Problem with Recycling
   재활용의 문제점
② Why Plastic Waste is Necessary
   플라스틱 쓰레기가 필요한 이유
③ **How Recycling Can Save the Planet**
   재활용이 지구를 구하는 방법
④ Recycling: A Problem with No Solution
   재활용: 해결책이 없는 문제

본문은 플라스틱 쓰레기의 문제를 강조하며, 재활용이 환경 보호에 필수적임을 설명하고 있다. ③번 "How Recycling Can Save the Planet"이 가장 적절하다.

11. 위 안내문의 내용과 일치하지 않는 것은?

① 플라스틱 쓰레기가 환경을 오염시키고 있다.
② 행사는 3월 2일 오전 11시에 열린다.
③ 재활용의 중요성을 알리는 행사가 열릴 예정이다.
④ **행사 장소는 지역 공원이다.**

본문에서 행사 장소는 "Community Hall, Maple Street"이지만, ④번은 공원이라고 잘못 언급하고 있다.

12. TravelEase 앱에 관한 다음 글의 내용과 일치하지 않는 것은?

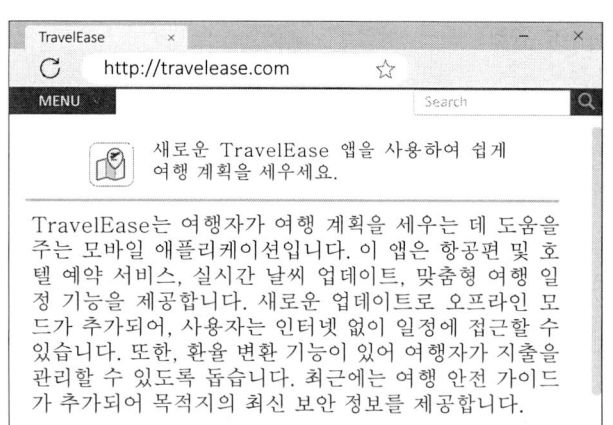

① Users can view their itinerary offline.
    사용자는 오프라인에서도 일정을 볼 수 있다.
② It helps users book flights and hotels.
    이 앱은 사용자들이 항공편과 호텔을 예약하도록 돕는다.
③ It provides real-time weather updates.
    실시간 날씨 업데이트를 제공한다.
④ It doesn't include a currency converter.
    이 앱은 환율 변환 기능을 포함하지 않는다.

본문에서 "TravelEase also has a currency converter to help travelers manage their expenses."라고 명확히 언급되어 있으므로 ④번은 틀린 선택지이다.

13. Disaster Response Agency에 관한 다음 글의 내용과 일치하는 것은?

① It does not monitor severe weather conditions.
    심각한 기상 조건을 모니터링하지 않는다.
② It only responds to man-made disasters.
    인재(사람이 만든 재난)에만 대응한다.
③ It assists in disaster preparedness planning.
    재난 대비 계획을 지원한다.
④ It provides temporary aid to countries at war.
    전쟁 중인 국가에 임시 지원을 제공한다.

본문에서 "DRA also works with state and local governments to develop disaster preparedness plans."라고 명확히 설명되어 있으므로 ③번이 맞는 내용이다.

14. 다음 글의 주제로 가장 적절한 것은?

물 부족 문제는 점점 더 심각해지고 있으며, 특히 가뭄이 자주 발생하는 지역에서는 담수 접근이 제한적이다. 이에 따라 정부 및 환경 단체는 빗물 수집, 효율적인 관개 기술, 가정 내 물 낭비 감소와 같은 물 절약 전략을 권장하고 있다. 산업계에서도 물 재활용 방법을 도입하도록 권장하여 더 넓은 범위에서 물 소비를 관리하도록 하고 있다. 또한, 여러 도시는 대중 인식 캠페인을 통해 불필요한 물 사용을 줄이도록 시민들을 교육하고 있다. 연구자들은 담수화 및 대기 중 수분 수집 기술을 연구하여 지속 가능한 물 공급 솔루션을 개발하고 있다.

① Causes of water shortages in urban areas
    도시 지역의 물 부족 원인
② Strategies to conserve water in drought-prone regions
    가뭄이 자주 발생하는 지역에서 물을 보존하는 전략
③ Impact of agricultural irrigation on the water supply
    농업 관개가 물 공급에 미치는 영향
④ Role of water in industrial production
    산업 생산에서의 물의 역할

본문은 가뭄 지역의 물 절약 전략(빗물 수집, 효율적 관개 기술, 물 재활용, 대중 교육, 혁신 기술 연구 등)을 다루고 있으므로 ②번이 가장 적절한 선택지이다.

15. 다음 글의 요지로 가장 적절한 것은?

소셜 미디어는 사람들이 소통하고 정보를 공유하는 방식을 변화시켰지만, 정신 건강에도 중요한 영향을 미친다. 연구에 따르면 과도한 소셜 미디어 사용은 스트레스, 불안, 우울증을 증가시킬 수 있으며, 특히 청소년들에게 영향을 미친다. 완벽한 온라인 이미지를 유지하려는 압박은 낮은 자존감과 불안감을 유발할 수 있다. 그러나 소셜 미디어는 정신 건강 지원 커뮤니티를 제공하고, 심리적 웰빙에 대한 인식을 높이는 등 긍정적인 효과도 있다. 전문가들은 소셜 미디어의 장점을 활용하면서도 부정적인 영향을 최소화하기 위해 온라인과 오프라인 생활의 균형을 맞추는 것이 중요하다고 조언한다.

① Social media affects mental health in various ways.
    소셜 미디어는 정신 건강에 다양한 영향을 미친다.
② Social media helps people communicate worldwide.
    소셜 미디어는 사람들이 전 세계적으로 소통하도록 돕는다.
③ Online marketing is important for businesses.
    온라인 마케팅은 기업에 중요하다.
④ Social media platforms have changed over time.
    소셜 미디어 플랫폼은 시간이 지나면서 변화했다.

본문은 소셜 미디어가 정신 건강에 미치는 긍정적, 부정적 영향을 모두 다루고 있으므로 ①번이 가장 적절한 선택지이다.

16. 다음 글의 흐름상 어색한 문장은?

> 공개 연설은 자신감을 높이고 의사소통 능력을 향상시킬 수 있는 중요한 기술이다. ① 공개 연설 기술은 팀워크와 리더십이 중요한 직업적 환경에서 특히 유용하다. ② 효과적인 연설자는 주제를 철저히 조사하고 아이디어를 논리적으로 구성함으로써 철저히 준비한다. ③ 거울 앞에서 연습하거나 자신의 연설을 녹음하는 것은 개선할 부분을 식별하는 데 도움이 될 수 있다. ④ 일부 사람들은 연설 전에 생각을 글로 작성하는 것이 긴장을 피하는 데 도움이 된다고 생각한다. 스토리텔링이나 유머를 통해 청중을 사로잡는 것은 연설을 더 기억에 남고 인상 깊게 만들 수 있다.

> 이 글은 공개 연설의 중요성과 효과적인 연설을 준비하는 방법에 대해 설명하고 있다. ①, ②, ③번 문장은 모두 공개 연설의 필요성(①), 준비 과정(②), 연습 방법(③)을 다루며 글의 주제와 일관됩니다. 그러나 ④번 문장(연설 전에 생각을 글로 작성하여 긴장을 완화)는 연설의 내용 구성이나 연습 방법보다는 개인의 긴장 완화 방법에 초점이 맞춰져 있어, 글의 흐름과 다소 어긋난다.

17. 주어진 문장이 들어갈 위치로 가장 적절한 것은?

> 많은 사람들이 키보드와 터치스크린에 의존하여 의사소통하며, 전통적인 글쓰기 기술은 덜 필요하다고 느껴진다.

> 디지털 기기에 지배되고 있는 시대에, 손글씨는 자주 간과된다. (①) 그러나 연구에 따르면 손글씨는 인지 발달과 기억 유지에 중요한 역할을 하며, 특히 교육 환경에서 그렇다. (②) 예를 들어, 손으로 필기하는 학생들이 타이핑하는 학생들보다 정보를 더 잘 기억한다는 연구 결과가 있다. (③) 타이핑의 편리함에도 불구하고, 일상에 손글씨를 포함하는 것은 학습과 창의성을 높일 수 있다. (④) 그 결과, 기술 중심 사회에서도 교육자들은 여전히 손글씨의 중요성을 강조한다.

> 주어진 문장은 디지털 기기의 사용 증가로 인해 전통적 글쓰기(손글씨)가 필요 없어 보인다는 인식을 언급하고 있다. ①번에 주어진 문장을 넣으면, '디지털 기기로 인해 손글씨가 덜 중요하게 여겨진다'는 현실 설명 후, ①번 뒤 문장(그러나 손글씨는 여전히 중요하다)을 통해 연구 결과로 손글씨의 중요성을 강조하는 반전이 이어져 글의 흐름이 자연스럽다.

18. 주어진 글 다음에 이어질 글의 순서로 가장 적절한 것은?

> 도서관은 책장이 스치는 부드러운 소리와 가끔 들리는 속삭임으로 가득 차 조용했다. 나는 책등을 손가락으로 훑으며 나를 부르는 무언가를 찾고 있었다.
>
> (A) 책 속에 빠져들자, 바깥세상은 사라지고 눈앞에는 생생한 이야기의 장면들이 펼쳐졌다.
> (B) 처음 몇 페이지를 넘기며, 종이와 잉크의 은은한 향기가 퍼지는 가운데 아늑한 의자에 몸을 맡겼다.
> (C) 키가 큰 창문 사이로 햇빛이 스며들어 나무 바닥에 황금빛 그림자를 드리우는 순간, 나는 마침내 책장에서 한 권의 책을 꺼냈다.

① (A) - (B) - (C)
② (B) - (A) - (C)
③ (C) - (A) - (B)
④ (C) - (B) - (A)

> (C): 책장에서 책을 꺼내는 장면이 이어지며, 햇빛이 비치는 도서관의 분위기를 묘사한다.
> (B): 책을 펼치며 종이와 잉크 냄새를 느끼고, 의자에 앉아 독서를 시작한다.
> (A): 마지막으로 책 속에 몰입하며 현실을 잊고 생생한 이야기에 빠져드는 장면으로 마무리된다.

[19~20]. 밑줄 친 부분에 들어갈 말로 가장 적절한 것을 고르시오.

19.
> 스마트 홈 기술은 사람들이 생활 공간과 상호작용하는 방식을 혁신적으로 바꿔놓았다. 음성 인식 비서, 자동 조명, 보안 시스템을 통해 집을 더욱 편리하고 효율적으로 관리할 수 있게 되었다. 이러한 혁신은 전력 사용을 최적화하여 에너지 절약에도 기여한다. 그러나 더 많은 기기들이 서로 연결되면서, _____ 에 대한 우려가 증가하였고, 이는 데이터 보안과 사용자 프라이버시에 대한 논의를 촉발했다.

① improving internet connectivity in rural areas
   농촌 지역의 인터넷 연결 개선
② potential hacking and unauthorized access
   해킹 가능성 및 무단 접근
③ decreasing reliance on renewable energy
   재생 에너지 의존도 감소
④ eliminating the need for traditional security systems
   전통적인 보안 시스템 필요성 제거

> 본문은 스마트 홈 기술의 편리함과 효율성을 설명한 후, 여러 기기들이 연결됨으로써 발생하는 우려를 언급하고 있다. 스마트 기기들이 서로 연결될수록 외부 해킹, 개인정보 유출, 무단 접근 위험이 커지기 때문에, 데이터 보안과 사용자 프라이버시 문제가 대두된다는 내용이 자연스럽게 이어진다. 따라서, ②번(해킹 및 무단 접근 가능성)이 스마트 홈 기술의 보안 문제와 직접적으로 관련되어 가장 적절한 선택지이다.

20.
> 감사 실천은 정신 건강과 전반적인 웰빙에 긍정적인 영향을 미친다는 것이 입증되었다. 연구에 따르면, 정기적으로 감사를 표현하는 사람들은 스트레스, 불안, 우울 수준이 낮다고 한다. 자신이 가진 것에 집중하고 부족한 것이 아니라 현재 가진 것에 초점을 맞춤으로써 사람들은 더 긍정적인 삶의 태도를 갖게 된다. 감사 일기 작성, 다른 사람에게 고마움 표현, 작은 기쁨의 순간 인정하기는 감사를 기르는 효과적인 방법이다. 정서적 웰빙을 향상시키기 위해, 사람들은 _____ 해야 하며, 이는 일상에서 감사하는 습관을 강화한다.

① compare themselves to others
   자신을 다른 사람과 비교하다
② focus only on what they have
   가진 것에만 집중하다
③ practice gratitude consistently
   일관되게 감사를 실천하다
④ ignore negative experiences
   부정적인 경험을 무시하다

> 본문은 감사를 실천하는 것이 정신 건강과 삶의 만족도를 높이는 방법이라고 설명한다. 감사 일기 작성, 고마움 표현, 작은 기쁨 인정 등의 감사 실천 방법을 언급한 후, 일상에서 감사 습관을 유지하는 것이 중요하다고 강조한다. 따라서, 빈칸에는 감사를 지속적으로 실천하라는 내용이 들어가야 자연스럽다. ③번(일관되게 감사를 실천하다)는 감사 습관의 지속성을 강조하며, 긍정적인 정서적 웰빙 유지를 위한 가장 적절한 선택지이다.

영 어

[1~3] 밑줄 친 부분에 들어갈 말로 가장 적절한 것을 고르시오.

1. 그 보고서는 최신 통계를 포함하도록 _____되었다.

① devised (고안된)
② **revised (수정된)**
③ discarded (폐기된)
④ postpone (연기하다)

"to include" (포함하도록)이라는 표현이 있으므로, 보고서가 최신 통계를 포함하도록 수정되었음을 의미해야 한다. 따라서 "revised(수정된)"이 가장 적절하다.

2. 우리는 어려운 시기에도 여전히 _____하는 법을 배워야 한다.

① indifferent (무관심한)
② frustrated (좌절한)
③ **composed (침착한)**
④ reckless (무모한)

remain(~한 상태를 유지하다) 동사 뒤에 올 수 있는 적절한 형용사가 필요한데, 문맥상 어려운 상황에서도 침착함을 유지하는 것이 중요함을 의미해야 하므로, "composed(침착한)"가 가장 적합하다.

3. 여러 차례의 철저한 검토와 피드백 이후 _____ 최종 보고서는 연구팀이 수행한 2년간의 연구의 주요 결과를 강조하고 있다.

① **was completed (완성된)**
② is completing
③ completes
④ completing

관계대명사 "which" 뒤에 동사가 오는데, 수동태 혹은 완료된 상태를 나타내야 한다. "was completed(완료되었다)"가 보고서가 여러 차례 검토 후 완료되었다는 의미로 적절하다.

[4~5] 밑줄 친 부분 중 어법상 옳지 않은 것을 고르시오.

4. 이 행사는 잘 조직되었고 수백 명의 참가자가 참석했다. 기조 연설자는 혁신에 대한 영감을 주는 연설을 했으며, 문제 해결에서 창의성의 중요성을 강조했다, 그리고 분과 세션 동안 참가자들이 아이디어를 교환했다.

④ **exchanging (→ exchanged)**

"participants exchanging ideas during the breakout sessions"는 독립적인 절로 쓰여야 하는데, 동사가 와야 할 자리에 현재분사(exchanging)이 와서 문법적으로 틀리다. "participants exchanged"가 옳다.

5. 새로운 정책은 탄소 배출량을 줄이기 위해 설계되었으며, 기업들이 환경 데이터를 보고하도록 요구한다. 일부 기업들은 관련 비용에 대한 우려를 표명했지만, 대부분은 지속 가능한 성장을 위해 필요하다는 데 동의한다.

② **companies report (→ companies to report 또는 that companies report)**

"require" 동사는 목적어(명사) 뒤에 to부정사를 사용하거나, that절과 함께 쓰인다. "it requires companies to report their environmental data." 또는 "it requires that companies report their environmental data."가 옳다.

[6~7] 밑줄 친 부분에 들어갈 말로 가장 적절한 것을 고르시오.

6.

 Nancy Davis
다음 달에 사무실 자원봉사 행사에 참여하나요?
8:56

 Kevin Walker
잘 모르겠어요. 그날까지 보고서를 끝내야 해서요.
8:56

 Nancy Davis
꼭 참석하세요! 팀 협업 향상에 관한 내용이에요.
8:56

 Kevin Walker
정말 유익하겠네요. 뭘 가져가야 하나요?
8:57

 Nancy Davis
노트와 펜만 가져오시면 돼요. 그리고 RSVP도 잊지 마세요.
8:57

 Kevin Walker
어떻게 RSVP 하나요?
8:58

 Nancy Davis
_____
8:58

① Bring your own laptop to the session.
세션에 사용할 노트북을 직접 가져오세요.
② The training is already full.
교육이 이미 마감되었습니다.
③ **Send an email to the training coordinator.**
교육 담당자에게 이메일을 보내세요.
④ Follow the instructions on the invitation.
초대장에 있는 지침을 따르세요.

Kevin이 "How do I RSVP?(어떻게 참석 여부를 알리면 될까?)"라고 질문했으므로, Nancy의 답변은 RSVP(참석 여부 확인) 방법을 설명해야 한다.

7.
A: 지역 동물 보호소에서 봉사 활동을 할 계획이에요.
B: 정말 친절한 일이네요. 거기서 어떤 일을 하실 건가요?
A: 청소하고 동물들에게 먹이를 주는 일을 도울 거예요.
B: 정말 좋네요. 얼마나 자주 가실 계획인가요?
A: 주에 두 번, 월요일과 목요일에 갈 거예요.
B: _____
A: 감사합니다! 정말 기대돼요.

① That's too much work. I couldn't do it.
그건 너무 힘든 일이에요. 저는 못 할 것 같아요.
② **That's wonderful. The animals will appreciate it.**
정말 훌륭한 일이네요. 동물들이 고마워할 거예요.
③ You should go every day instead.
대신 매일 가서야 해요.
④ I think you'll get bored after a week.
일주일 후에는 지겨워질 거라고 생각해요.

B는 A가 동물 보호소에서 자원봉사를 한다는 말을 듣고 긍정적으로 반응하고 있다. 그리고 A는 마지막에 "Thanks! I'm really looking forward to it." (고마워! 정말 기대돼.)라고 말하고 있으므로, B의 말도 긍정적인 내용이 자연스럽다.

[8~9] 다음 글을 읽고 물음에 답하시오.

	Send　Preview　Save
To	Local Library Administration
From	Sarah Thompson
Date	September 18
Subject	Library Accessibility Request
📎	My PC　Browse

안녕하세요, 지역 도서관 행정팀 여러분.

저는 도서관의 운영 시간을 연장해 주시기를 요청드리기 위해 이 메시지를 작성합니다. 특히 학생들과 직장인들을 포함한 지역 주민들 중 많은 사람들이 현재 제한된 운영 시간 동안 도서관을 이용하기 어렵습니다.

저녁에 한두 시간이라도 연장된다면 매우 필요한 유연성이 생기고, 더 많은 주민들이 도서관의 소중한 자원을 활용할 수 있을 것입니다. 도서관은 학습, 협력, 성장의 중요한 공간이며, 공공의 접근성을 더욱 높이기를 기대합니다.

이 요청을 고려해 주셔서 감사드리며, 답변을 기다리겠습니다.

진심을 담아,
사라 톰슨

8. 윗글의 목적으로 가장 적절한 것은?

① 도서관에 더 많은 책과 자원을 요청하려고
② 도서관을 다른 위치로 옮기는 제안을 하려고
③ 도서관의 현재 서비스에 대해 불만을 제기하려고
④ **도서관 운영 시간을 더 연장해달라고 요청하려고**

Sarah는 도서관 운영 시간을 연장해달라고 요청하는 편지를 쓰고 있다. ④번이 본문의 핵심 내용과 일치한다.

9. 밑줄 친 "extension"의 의미와 가장 가까운 것은?

① renovation (수리)
② limitation (제한)
③ **expansion (확장)**
④ relocation (이전)

"extension"은 "연장"을 뜻하며, 문맥상 도서관 운영 시간의 연장을 의미한다. expansion (확장)은 "extension"과 유사한 뜻이다.

[10~11] 다음 글을 읽고 물음에 답하시오.

(A)

올여름 재미있고 교육적인 활동을 찾고 계신가요? 우리의 여름 독서 프로그램에 참여하세요! 이 프로그램은 어린이와 성인 모두가 독서의 즐거움을 탐구하며 흥미로운 도전과 이벤트에 참여할 수 있도록 격려합니다. 책에 대한 사랑을 키우고 싶지 않은 사람이 있을까요? 지금 등록하시고 워크숍, 도서 증정, 그리고 열정적인 독자들을 위한 상품도 즐겨보세요.

세부 정보
· 일정: 6월 19일 월요일 ~ 8월 25일 금요일
· 시간: 오전 10시 ~ 오후 4시 (월~금)
· 장소: 시내 공공 도서관

주요 내용
· 워크숍
창의적 글쓰기와 스토리텔링 기술을 향상시키는 재미있는 워크숍에 참여해 보세요.
· 도서 증정
참가자로서 무료 도서를 받아 개인 도서관을 확장해 보세요.
· 독서 도전 과제
도전적인 읽기 목표를 세우고 달성하여 흥미로운 상품을 얻고 문학에 대한 사랑을 더욱 깊게 만들어 보세요.

더 많은 정보를 원하시면 www.librarysummer.org 를 방문하시거나 전화 (555) 432-8765로 문의해 주세요!

10. (A)에 들어갈 윗글의 제목으로 가장 적절한 것은?

① How to Build a Library
　도서관을 세우는 방법
② Summer Writing Workshops
　여름 글쓰기 워크숍
③ **Explore the World Through Books**
　책을 통해 세상을 탐험하기
④ Book Donations for the Community
　지역사회를 위한 도서 기부

본문은 Summer Reading Program(여름 독서 프로그램)을 홍보하는 내용으로, 독서를 장려하고 관련 활동(워크숍, 책 증정, 독서 챌린지 등)을 소개하고 있다. "Explore the World Through Books (책을 통해 세상을 탐험하기)"는 독서의 즐거움을 강조하는 프로그램 취지와 가장 잘 맞다.

11. Summer Reading Program에 관한 윗글의 내용과 일치하지 않는 것은?

① **쓰기 목표를 달성하면 상을 받을 수 있다.**
② 참가자들에게 무료 책이 제공된다.
③ 행사는 주중에 진행된다.
④ 워크숍에서 창의적인 글쓰기를 배울 수 있다.

본문에 따르면 "읽기 목표"를 달성하면 상품을 받는다. 따라서 ①번 "쓰기 목표"를 달성하면 상을 받는다는 내용은 틀리다.

12. FoodScan 앱에 관한 다음 글의 내용과 일치하지 않는 것은?

① It provides information on food ingredients.
   식품 성분 정보를 제공한다.
② It suggests healthier alternatives.
   더 건강한 대안을 추천한다.
③ It requires users to input data manually for every item.
   사용자가 모든 항목의 데이터를 수동으로 입력해야 한다.
④ It helps users create a diet plan.
   사용자가 식단 계획을 세우도록 돕는다.

본문에서는 바코드를 스캔하면 자동으로 정보를 제공한다고 설명되어 있으므로 ③번은 틀린 선택지이다.

13. Agricultural Development Agency에 관한 다음 글의 내용과 일치하는 것은?

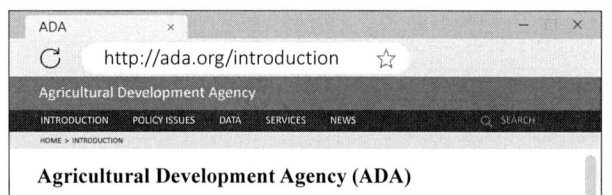

① It encourages farmers to continue using old equipment.
   농민들이 오래된 장비를 계속 사용하도록 장려한다.
② It does not work on improving farming techniques.
   농업 기술을 개선하는 일을 하지 않는다.
③ It promotes organic farming subsidies.
   유기농 농업 보조금을 장려한다.
④ It mostly supports large corporations.
   주로 대기업을 지원한다.

본문에서 "Recently, the agency introduced a subsidy program for organic farming."이라고 명확히 언급되었으므로 ③번은 맞는 선택지이다.

14. 다음 글의 주제로 가장 적절한 것은?

연구자들은 수면이 인지 기능과 전반적인 뇌 건강을 유지하는 데 중요하다고 강조한다. 수면은 뇌가 정보를 처리하고, 기억을 강화하며, 하루 동안 쌓인 독소를 제거하는 역할을 한다. 만성적인 수면 부족은 알츠하이머병 위험 증가, 집중력 저하, 문제 해결 능력 저하와 관련이 있다. 수면의 질을 향상시키기 위해 전문가들은 일관된 수면 스케줄 유지, 취침 전 카페인 섭취 피하기, 밤에 화면 노출을 줄이는 것을 권장한다. 또한, 최근 연구에서는 깊은 수면 단계가 감정 조절과 정신 건강 안정에 중요한 역할을 한다고 밝혀졌다.

① How diet influences brain function
   식단이 뇌 기능에 미치는 영향
② Connection between sleep and memory consolidation
   수면과 기억 형성 간의 관계
③ History of sleep disorders and their treatments
   수면 장애의 역사와 그 치료법
④ Role of sleep in maintaining cognitive function
   인지 기능을 유지하는 데에 수면의 역할

본문에서 수면이 기억 형성, 정보 처리, 독소 제거, 집중력 및 문제 해결 능력 유지, 감정 조절 등 다양한 인지 기능과 관련이 있다고 설명하고 있으므로 ④번이 가장 적절한 선택지이다.

15. 다음 글의 요지로 가장 적절한 것은?

항생제 내성은 전 세계적으로 심각한 보건 문제가 되고 있다. 항생제의 과다 사용과 오남용으로 인해 박테리아가 점점 더 내성을 가지게 되면서, 일반적인 감염조차 치료하기 어려워지고 질병이 장기화되며 사망률이 증가하는 문제가 발생하고 있다. 이 문제를 해결하기 위해 보건 기관들은 항생제 처방 규제를 강화하고, 책임 있는 항생제 사용에 대한 공공 인식을 높일 것을 권장하고 있다. 또한, 연구자들은 박테리오파지 치료와 새로운 약물 개발과 같은 대체 치료법을 탐색 중이다. 더 나아가, 전 세계적인 협력이 항생제 내성 박테리아 확산을 억제하는 데 필수적이라고 강조하고 있다.

① Vaccines are important for preventing diseases.
   백신은 질병 예방에 중요하다.
② Natural remedies are better than antibiotics.
   자연 요법이 항생제보다 낫다.
③ Antibiotic resistance is a growing health problem.
   항생제 내성은 증가하는 보건 문제이다.
④ Antibiotics are useful for treating viral infections.
   항생제는 바이러스 감염 치료에 유용하다.

본문 전체가 항생제 내성이 전 세계적으로 심각한 건강 문제로 대두되고 있으며, 이를 해결하기 위한 노력을 설명하고 있으므로 ③번이 가장 적절한 선택지이다.

16. 다음 글의 흐름상 어색한 문장은?

미술 복원은 역사적인 걸작을 보존하는 세심한 과정이다. ① 전문가들은 원작을 손상시키지 않고 그림을 청소하고 복원하기 위해 고급 기술을 사용한다. ② 복원가들은 종종 예술가의 원래 재료와 기법을 연구하여 작업의 정확성을 보장한다. ③ 일부 르네상스 예술가들은 독특한 질감을 내기 위해 천연 안료와 손으로 만든 붓을 실험했다. ④ 시간이 지나면 빛과 습기에 노출되어 그림이 바래거나 손상될 수 있다. 적절한 보존 노력은 미래 세대가 역사적인 예술 작품을 감상하고 연구할 수 있도록 한다.

이 글은 미술 복원 과정과 그 필요성에 대해 설명하고 있다. ①번과 ②번은 미술 복원가들의 기술과 연구 과정을 설명하며, ④번은 작품 손상의 원인(빛과 습기)과 복원의 필요성을 설명하고 있다. 그러나 ③번(일부 르네상스 예술가들의 안료·붓 실험)은 미술 복원이 아니라 예술가의 창작 과정에 대한 내용으로, 글의 주제와 맞지 않아 어색한 문장이다.

17. 주어진 문장이 들어갈 위치로 가장 적절한 것은?

그러나 연구에 따르면 의도적으로 혼자만의 시간을 가지는 것은 문제 해결 능력을 향상시키고, 창의성을 높이며, 정서적 회복력을 증진할 수 있다.

많은 사람들은 고독이 고립이나 지루함으로 이어질까 두려워 이를 피한다. (①) 고독은 외부의 영향으로부터 벗어나 깊은 자기 성찰을 할 수 있게 해준다. (②) 혼자 있는 시간은 종종 외로움과 연관되지만, 실제로는 자아 발견, 창의성, 정신적 명료함을 키울 수 있다. (③) 혼자만의 시간을 회피해야 할 것으로 보기보다는, 이를 재충전과 개인 목표에 대한 통찰을 얻는 기회로 활용할 수 있다. (④) 자기 자신과 함께하는 것에 편안함을 느끼는 능력은 장기적인 정신적 웰빙에 중요한 기술이다.

주어진 문장은 혼자만의 시간이 문제 해결 능력, 창의성, 정서적 회복력에 긍정적 영향을 준다는 연구 결과를 설명하고 있다. ①번에 주어진 문장을 넣으면, '연구 결과 → 고독의 긍정적 효과(자기 성찰, 창의성 등)'으로 이어지는 자연스러운 흐름이 완성된다. 이후 내용도 고독이 어떻게 긍정적 영향을 미치는지를 설명하며, 주어진 문장과 맥락이 잘 연결된다.

18. 주어진 글 다음에 이어질 글의 순서로 가장 적절한 것은?

나는 오래된 자전거의 먼지를 털었다. 한때 밝았던 페인트는 이제 빛이 바래고 벗겨져 있었다. 마지막으로 이 자전거를 탔던 지 오래됐지만, 손은 여전히 핸들의 감촉을 기억하고 있었다.

(A) 잠시 동안, 나는 책임감을 짊어진 어른이 아니었다. 다시 아이가 되어 바람을 가르며 자유롭게 질주했다.
(B) 타이어는 약간 바람이 빠져 있었고, 페달을 밟자 체인은 삐걱거렸지만, 자전거가 움직이자마자 모든 것이 익숙하게 느껴졌다.
(C) 나는 거리를 달리며, 스쳐가는 바람 속에서 어린 시절 웃음소리와 긴 여름날 오후의 추억을 떠올렸다.

① (B) - (A) - (C)
② (B) - (C) - (A)
③ (C) - (A) - (B)
④ (C) - (B) - (A)

(B): 낡은 자전거를 타보기 시작하는 과정(타이어 확인, 페달을 밟아 움직이기)이다.
(C): 거리를 달리며 바람을 느끼고 어린 시절 기억을 떠올리는 추억 회상이 나온다.
(A): 마지막으로 책임 없는 아이로 돌아간 듯한 자유로움을 느끼며 글이 마무리된다.

[19~20]. 밑줄 친 부분에 들어갈 말로 가장 적절한 것을 고르시오.

19.

소셜 미디어 인플루언서들은 마케팅에서 강력한 존재가 되어 소비자들의 선호와 트렌드를 형성하고 있다. 그들은 개인적인 수준에서 청중과 소통할 수 있어, 추천 광고의 영향력이 매우 크다. 인플루언서 마케팅은 브랜드가 새로운 고객에게 다가가는 데 도움을 주었지만, 동시에 투명성과 진정성에 대한 윤리적 우려를 초래하기도 했다. 일부 비평가들은 _____ 이 허위 광고를 초래해 소비자들이 온라인 홍보의 신뢰성을 의심하게 만들었다고 주장한다.

① stricter regulations on digital marketing
디지털 마케팅에 대한 더 엄격한 규제
② a decrease in social media engagement
소셜 미디어 참여도 감소
③ undisclosed sponsorships and false endorsements
미공개된 스폰서십과 허위 추천
④ greater trust in traditional advertising methods
전통적인 광고 방식에 대한 더 큰 신뢰

본문에서는 인플루언서 마케팅의 영향력과 브랜드 홍보에 기여한 점을 설명하면서도, 윤리적 문제와 신뢰성 저하를 언급하고 있다. 소비자가 온라인 홍보의 신뢰성을 의심하게 된 이유로 가장 자연스러운 내용은 인플루언서들이 광고나 협찬 사실을 공개하지 않거나 거짓으로 추천하는 문제이다. ③번(미공개된 스폰서십과 허위 추천)은 실제로 인플루언서 마케팅의 신뢰성 문제를 야기하는 핵심 원인이며, 지문에서 언급된 투명성과 진정성에 대한 우려와 가장 밀접하게 연결된다.

20.

불확실성은 삶의 피할 수 없는 부분이지만, 많은 사람들은 미래를 예측할 수 없을 때 불안과 스트레스를 경험한다. 인간의 뇌는 본능적으로 안정성과 통제를 추구하기 때문에, 불확실성은 종종 불편함을 유발한다. 그러나 연구에 따르면, 불확실성을 견디는 법을 배우는 것은 정신적 회복력을 키우는 데 중요한 기술이다. 불확실성을 삶의 정상적인 일부로 받아들이는 사람들은 만성 스트레스를 덜 경험하고, 새로운 상황에 더 잘 적응한다. 불확실성이 벅차게 느껴질 수 있지만, 사람들은 _____ 으로써 회복력을 키우고, 삶의 예측 불가능성을 자신감과 평정심으로 헤쳐나갈 수 있다.

① resisting any change in routine
모든 루틴 변화에 저항함
② avoiding all unfamiliar situations
모든 낯선 상황을 피함
③ accepting uncertainty and focusing on adaptability
불확실성을 받아들이고 적응력에 집중함
④ waiting for complete certainty before deciding
결정 전에 완전한 확실성을 기다림

지문은 불확실성이 삶의 필연적 요소임을 강조하며, 이를 견디는 능력이 정신적 회복력을 기르는 핵심임을 설명하고 있다. 불확실성을 삶의 일부로 받아들이는 사람들이 스트레스를 덜 받고 더 잘 적응한다는 내용이 나오는 만큼, 빈칸에는 불확실성을 어떻게 대처해야 하는지를 설명하는 내용이 필요하다. ③번(불확실성을 받아들이고 적응력에 집중하는 것)은 지문의 핵심 메시지와 가장 잘 맞아떨어지며, 정신적 회복력과 새로운 상황에 대한 적응을 강조하는 흐름에 자연스럽게 이어진다.

영 어

[1~3] 밑줄 친 부분에 들어갈 말로 가장 적절한 것을 고르시오.

1. 그녀의 아이디어는 보수적인 이사회에게 너무 _____ 하다고 여겨졌다.

   ① innovative (혁신적인)
   ② outdated (구식의)
   ③ inevitable (불가피한)
   ④ minor (사소한)

   "too ~ for ~" 구조를 보면, 그녀의 아이디어가 보수적인 위원회(conservative board) 입장에서 받아들이기 어려웠음을 의미해야 한다. 너무 innovative (혁신적인) 아이디어는 보수적인 위원회에 부정적으로 보일 가능성이 있다.

2. 그 합의는 _____ 하여, 모든 당사자가 엄격한 지침을 따르도록 요구했다.

   ① flexible (유연한)
   ② mandatory (의무적인)
   ③ optional (선택적인)
   ④ temporary (임시적인)

   "requiring all parties to follow strict guidelines" (모든 당사자가 엄격한 지침을 따라야 함)에서 강제성을 나타내야 하므로, mandatory (의무적인, 강제적인)가 적절하다.

3. 이전 모델과 비교했을 때, 최신 전기차 모델은 훨씬 더 에너지 효율적일 뿐만 아니라 디자인 면에서도 _____ 환경을 중시하는 소비자들에게 인기 있는 선택이 되었다.

   ① sophisticated
   ② more sophisticated (더 정교한)
   ③ most sophisticated
   ④ as sophisticated

   "not only significantly more energy-efficient but also _____ in design"는 "not only A but also B" 구조이므로 A와 B가 병렬 구조를 이뤄야 한다. A가 more energy-efficient"이므로 B에도 "more"와 같은 비교급 형태가 와야 한다.

[4~5] 밑줄 친 부분 중 어법상 옳지 않은 것을 고르시오.

4. 생산성을 향상시키기 위해, 관리자는 일상적인 작업을 자동화하는 새로운 시스템을 도입했다. 직원들은 시스템을 효율적으로 사용하는 방법에 대한 교육을 받았고, 초기 피드백은 대체로 긍정적이었다. 그러나 일부 직원들은 그것이 유연성을 감소시킨다고 불평했다.

   ③ has been (→ was)

   문맥을 보면 모든 사건이 과거 시점에 발생한 것이므로, "the initial feedback has been largely positive." 문장도 현재완료 시제 has been이 아닌 과거 시제 "was"로 수정해야 문맥에 맞다.

5. 그녀가 읽고 있는 책은 기후 변화에 대한 통찰력 있는 관점을 제공한다. 이 책은 정부가 그 영향을 완화하기 위해 즉각 조치를 취해야 한다고 주장한다. 그러나 저자는 또한 개인적 책임의 중요성을 강조한다.

   ④ emphasize (→ emphasizes)

   주어 "the author"는 단수이므로 동사는 "emphasize"가 아니라 "emphasizes"여야 한다.

[6~7] 밑줄 친 부분에 들어갈 말로 가장 적절한 것을 고르시오.

6.
Emma Morgan
다음 금요일에 열리는 마케팅 세미나에 참석할 예정인가요?
9:32

Sean Miller
아직 잘 모르겠어요. 어떤 세미나인가요?
9:32

Emma Morgan
디지털 광고와 타겟팅 전략에 대한 새로운 아이디어를 다룰 예정이에요.
9:33

Sean Miller
정말 도움이 될 것 같네요. 뭘 가져가야 하나요?
9:34

Emma Morgan
특별히 필요하진 않지만, 질문이 있다면 미리 준비하세요. Q&A 세션이 항상 유익하거든요.
9:34

Sean Miller
세미나는 누가 진행하나요?
9:35

Emma Morgan
_____
9:35

① Bring a notebook and a pen to take notes.
   필기할 수 있도록 노트와 펜을 가져오세요.
② It will be led by our marketing team manager.
   마케팅 팀장이 진행할 예정입니다.
③ The seminar will start at 10 AM sharp.
   세미나는 오전 10시 정각에 시작됩니다.
④ You can register through the marketing department.
   마케팅 부서를 통해 등록할 수 있습니다.

Sean이 "Who will be leading the seminar?"(세미나는 누가 진행하나요?)라고 물었으므로, Emma의 답변은 세미나 진행자에 대한 정보여야 한다.

7. A: 중고차를 살까 생각 중이에요.
   B: 좋은 생각이에요. 특정 모델을 정하셨나요?
   A: 아직이요. 믿을 수 있고 가격이 적당한 차를 원해요.
   B: Toyota나 Honda를 추천드려요.
   A: _____
   B: 네, 이 브랜드들은 내구성과 유지비가 적게 드는 것으로 유명해요.
   A: 좋아요. 이번 주에 온라인 매물을 확인하기 시작할게요.
   B: 도움이 필요하면 말씀하세요.

   ① Are those brands really reliable?
      그 브랜드들은 정말 믿을 만한가요?
   ② I only want luxury brands like BMW.
      저는 BMW 같은 럭셔리 브랜드만 원해요.
   ③ Do you think buying a car is necessary?
      차를 사는 것이 꼭 필요하다고 생각하시나요?
   ④ Isn't buying a used car too risky?
      중고차를 사는 것이 너무 위험하지 않나요?

   빈칸에 들어갈 문장은 B가 추천한 Toyota와 Honda에 대한 A의 반응이어야 한다. B의 다음 대사가 "Yes, they're known for their durability and low maintenance costs."(그래, 그 브랜드들은 내구성과 유지비가 적게 드는 걸로 유명해.)이므로, A의 질문은 Toyota와 Honda의 신뢰성에 대한 질문이어야 자연스럽다.

[8~9] 다음 글을 읽고 물음에 답하시오.

	Send	Preview	Save
To	City Transportation Office		
From	Mark Peterson		
Date	October 5		
Subject	Improving Accessibility for Residents		
	My PC	Browse	

안녕하세요, 시 교통국 관계자 여러분.

Maplewood Avenue 주민들을 대표하여, 우리 거리를 따라 추가적인 버스 정류장을 설치해 주시기를 요청드립니다. 많은 주민들, 특히 노인들과 학생들은 가장 가까운 버스 정류장까지 오랜 거리를 걸어야 하며, 이는 불편하고 안전하지 않은 상황입니다.

Maplewood Avenue에 몇 개의 버스 정류장을 추가하면 대중교통 접근성을 개선할 뿐만 아니라, 더 많은 사람들이 서비스를 이용하도록 장려하여 교통 혼잡과 지역 내 오염을 줄이는 데 도움이 될 것입니다.

이 요청을 고려해 주셔서 감사드리며, 관련 업데이트나 계획에 대해 답변을 기다리겠습니다.

진심을 담아,
마크 피터슨

8. 윗글의 목적으로 가장 적절한 것은?

① 추가 버스 정류장을 요청하려고
② 도시의 현재 버스 노선에 대해 불평하려고
③ 동네에 새로운 지하철역 건설을 제안하려고
④ Maplewood Avenue 근처의 교통 위반을 보고하려고

이메일에서 작성자는 주민들이 겪는 불편함을 설명하며, 추가 버스 정류장을 설치해 달라고 요청하고 있다.

9. 밑줄 친 "access"의 의미와 가장 가까운 것은?

① excess (초과)
② block (차단)
③ reach (접근)
④ surplus (과잉)

"access"는 문맥상 대중교통에 대한 더 나은 접근(reach)을 제공하자는 요청의 의미로 사용되었다.

[10~11] 다음 글을 읽고 물음에 답하시오.

(A)

여러분은 자신의 식단을 잘 알고 있나요?

많은 사람들이 자신의 음식 선택이 건강과 웰빙에 미치는 영향을 잘 모릅니다. 잘못된 식습관은 비만, 당뇨병, 심장병과 같은 다양한 건강 문제를 유발할 수 있습니다.

누가 나쁜 건강 상태로 살고 싶겠습니까?

무료 워크숍에 참여하여 건강한 식습관, 예산 내에서 영양가 있는 식사를 준비하는 방법, 균형 잡힌 식단을 유지하는 팁을 배워보세요.

이 세션은 공인된 영양사들이 진행하며, 라이브 요리 시연을 포함하여 여러분이 더 건강한 삶을 시작할 수 있도록 돕습니다.

후원: Wellness for All 재단

· 장소: Eastside 커뮤니티 센터, 202호
· 날짜: 2024년 5월 23일 (목요일)
· 시간: 오후 2시

워크숍에 대한 질문이 있으시면, 저희 웹사이트 www.wellnessforall.org를 방문하시거나 (321) 765-0987로 연락해 주세요.

10. (A)에 들어갈 윗글의 제목으로 가장 적절한 것은?

① Preparing Meals on a Budget
예산 내에서 식사 준비하기
**② Eating for a Healthier Life
더 건강한 삶을 위한 식사**
③ Dangers of Fast Food
패스트푸드의 위험성
④ Nutrition for Athletes
운동선수를 위한 영양

글의 주요 내용은 건강한 식습관을 배우고, 균형 잡힌 식단을 유지하는 방법을 교육하는 워크숍에 대한 것이다. 따라서 "더 건강한 삶을 위한 식사"라는 제목이 가장 적절하다.

11. 위 안내문의 내용과 일치하지 않는 것은?

① 이 워크숍은 무료로 제공된다.
② 건강한 식습관에 대해 배울 수 있다.
③ 행사는 주말에 열린다.
④ 전화로 워크숍에 관해 질문할 수 있다.

본문에 행사 요일이 "목요일"로 지정되어 있으므로 주말에 열린다는 것은 틀린 내용이다.

12. SafeDrive 앱에 관한 다음 글의 내용과 일치하지 않는 것은?

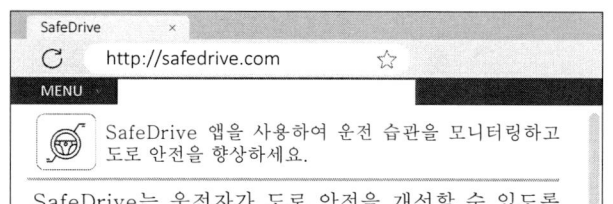

SafeDrive 앱을 사용하여 운전 습관을 모니터링하고 도로 안전을 향상하세요.

SafeDrive는 운전자가 도로 안전을 개선할 수 있도록 돕는 앱입니다. 이 앱은 속도 및 브레이크 패턴과 같은 운전 행동을 분석하고, 더 안전한 운전을 장려하기 위해 피드백을 제공합니다. 또한, 교통 상황 및 도로 위험 요소에 대한 경고를 사용자에게 제공합니다. 사용자는 안전한 운전 습관을 유지함으로써 보상을 받을 수 있습니다. 최근 SafeDrive는 새로운 긴급 지원 기능을 도입하여, 심각한 사고가 감지될 경우 응급 서비스를 자동으로 호출할 수 있도록 했습니다. 추가적으로, 이 앱은 사용자가 자신의 위치를 가족과 공유할 수 있도록 하여 보안을 강화하였습니다.

① It alerts users about road hazards.
   이용자들에게 도로 위험 요소에 대한 경고를 준다.
② It analyzes driving behavior.
   운전 습관을 분석한다.
③ It penalizes users for bad driving.
   나쁜 운전에 벌점을 부과한다.
④ Users can earn rewards for safe driving.
   안전한 운전을 하면 보상을 준다.

SafeDrive 앱은 안전한 운전을 유도하기 위한 보상 시스템이 존재하지만, 나쁜 운전에 대해 벌점을 부과한다는 내용은 본문에 언급되지 않는다.

13. National Transportation Safety Agency에 관한 다음 글의 내용과 일치하는 것은?

National Transportation Safety Agency (NTS)

National Transportation Safety Agency(NTS)는 고속도로, 철도, 항공 여행의 안전을 보장하는 기관입니다. 이 기관은 교통 사고를 조사하고, 안전 규정을 시행하며, 인프라 개선 계획을 개발합니다. NTS는 또한 자동차 및 항공사와 협력하여 안전 기준을 시행합니다. 또한, 이 기관은 도로 안전 인식을 높이기 위한 전국 캠페인을 시작하여 교통사고를 줄이는 데 기여하고 있습니다. 자율주행 차량의 증가에 대응하기 위해, NTS는 새로운 안전 지침을 마련하여 자율주행 기술을 규제하고 잠재적인 위험을 방지합니다.

① It abolishes transportation safety standards.
   교통 안전 기준을 폐지한다.
② It is not involved in transportation accidents.
   교통 사고와 관련이 없다.
③ It prioritizes airline safety over highway safety.
   항공 안전을 도로 안전보다 우선시한다.
④ It has established guidelines for self-driving vehicles.
   자율주행 차량을 위한 지침을 마련했다.

본문에서 "NTS has established new safety guidelines to regulate self-driving technology and prevent potential hazards."라고 명확히 언급되었으므로 ④번이 맞는 내용이다.

14. 다음 글의 주제로 가장 적절한 것은?

학생들이 학업 압박, 사회적 도전, 감정적 스트레스에 직면하면서, 학교에서의 정신 건강 인식은 점점 더 중요해지고 있다. 이에 대응하기 위해 학교에서는 상담 서비스, 스트레스 관리 워크숍, 동료 지원 그룹 등을 제공하는 정신 건강 프로그램을 시행하고 있다. 이 프로그램에는 조기 개입을 통해 정신 건강 문제를 미리 발견하고 악화되기 전에 해결할 수 있어, 학생들의 전반적인 웰빙에 긍정적인 영향을 줄 수 있다. 또한, 교사들은 불안, 우울증 및 기타 정신 건강 장애의 징후를 인식하도록 훈련받고 있다. 연구에 따르면, 학교에서 정신 건강 인식을 높이면 학업 성취도가 향상되고, 학생들의 감정적 회복력이 강해진다.

① Role of diet in mental health management
   정신 건강 관리에서 식단의 역할
② Importance of mental health awareness in schools
   학교에서의 정신 건강 인식의 중요성
③ Connection between exercise and emotional stability
   운동과 감정적 안정성 간의 관계
④ Impact of childhood trauma on adult relationships
   유년기 트라우마가 성인 관계에 미치는 영향

본문은 학교에서 정신 건강 인식을 높이는 것이 학생들의 학업 성취와 감정적 회복력에 긍정적인 영향을 미친다는 점을 강조하고 있다. 따라서, ②번 선택지가 본문 내용과 가장 적절하게 일치한다.

15. 다음 글의 요지로 가장 적절한 것은?

유아 교육은 인지 및 사회적 발달에 중요한 역할을 하며, 아이들에게 미래 학습을 위한 강력한 기초를 제공한다. 연구에 따르면, 양질의 유치원 프로그램에 참여한 아이들은 학업 성취도가 더 높고, 의사소통 능력이 더 뛰어나다. 또한 유아 교육은 감성 지능과 창의성을 키우는 데 도움을 주며, 아이들이 사회 환경에 적응하는 것을 돕는다. 정부는 사회경제적 배경과 관계없이 모든 어린이가 동등하게 유아 교육을 받을 수 있도록 다양한 정책을 시행하고 있다. 추가적으로, 놀이 기반 학습은 유아들의 비판적 사고와 문제 해결 능력을 향상시키는 것으로 나타났다.

① Schools should improve curriculum history.
   학교는 교육과정 역사를 개선해야 한다.
② Early childhood education is important for development.
   유아 교육은 발달에 중요하다.
③ Homeschooling is the best way to teach children.
   홈스쿨링이 어린이를 가르치는 최고의 방법이다.
④ Teaching toddlers foreign languages is difficult.
   유아들에게 외국어를 가르치는 것은 어렵다.

본문에서는 유아 교육이 어린이의 인지적, 사회적, 감정적 성장에 중요한 영향을 미친다는 점을 강조하고 있다. 또한, 유아 교육이 학업 성취, 사회성, 감성 지능, 문제 해결 능력 등 다양한 면에서 긍정적인 역할을 한다는 연구 결과를 설명하고 있다. 따라서, ②번 선택지가 본문 내용과 가장 적절하게 일치한다.

16. 다음 글의 흐름상 어색한 문장은?

화폐의 발전은 경제사에서 중요한 역할을 해왔다. ① 초기 사회는 더 효율적인 거래 수단으로 금속 화폐로 전환하기 까지는 물물교환 시스템에 의존했다. ② 일부 고대 통치자들은 정교한 디자인의 주화를 발행하여 정치적 권위를 강화하고 부를 과시했다. ③ 이후 지폐가 도입되어, 거래는 더 편리해졌고 무거운 동전을 들고 다닐 필요가 줄어들었다. ④ 디지털 뱅킹이 확산됨에 따라, 현금 거래는 전 세계적으로 덜 일반적이 되었다. 경제가 발전함에 따라, 금 본위제에서부터 현대의 가상화폐까지 다양한 화폐 형태가 등장하며 금융 시스템의 변화를 반영하고 있

이 글은 화폐의 발전 과정을 순차적으로 설명하고 있다. (①번: 교환 시스템 → 금속 화폐로의 전환, ③번: 지폐의 도입으로 거래가 편리해짐, ④번: 디지털 뱅킹으로 현금 사용 감소) 마지막 문장은 화폐의 다양한 형태(금 본위제부터 가상화폐까지)로의 발전 과정을 마무리한다. 그러나 ②번(고대 통치자들이 주화를 발행해 권위와 부를 과시했다)는 화폐의 발전 과정보다는 화폐 사용의 정치적 의미를 다루고 있어 글의 흐름에서 벗어난다.

17. 주어진 문장이 들어갈 위치로 가장 적절한 것은?

예를 들어, 생활 공간을 정리하는 것은 스트레스를 줄이고 집중력을 향상시킬 수 있으며, 깔끔한 환경은 마음을 맑게 해준다.

미니멀리즘은 단순함과 의도적인 삶을 추구하는 라이프스타일이다. (①) 필요한 물건에 집중하고 불필요한 것을 제거함으로써, 사람들은 더 정리되고 평온한 환경을 만들 수 있으며, 이는 웰빙에 긍정적인 영향을 미친다. (②) 이 접근법은 정신 건강에도 더 폭넓은 영향을 미치는 것으로 여겨지며, 물리적 어수선함을 줄이는 것이 생각을 정리하는 데도 도움이 된다. (③) 많은 사람들이 행복, 재정적 자유, 개인적 만족을 위해 미니멀리즘을 실천한다. (④) 미니멀리즘에 대한 관심이 증가함에 따라, 더 많은 사람들이 이를 받아들여 더 의미 있고 스트레스가 적은 삶을 살고 있다.

주어진 문장은 생활 공간 정리(물리적 정리)가 스트레스와 집중력 향상에 도움을 준다는 구체적 예시이다. ②번 앞에서는 미니멀리즘이 정리된 환경을 만든다고 설명하고, ②번 뒤에서는 물리적 정리가 정신 건강과 사고의 명확성에도 영향을 미친다고 언급한다. 주어진 문장을 ②번 위치에 넣으면, 정리된 생활 공간의 예시를 통해 물리적 정리 → 정신적 정리 효과로 이어지는 자연스러운 흐름이 완성된다.

18. 주어진 글 다음에 이어질 글의 순서로 가장 적절한 것은?

버스 정류장은 거의 비어 있었고, 몇 명의 사람들이 벤치에 흩어져 앉아 있었다. 나는 가방을 조정하고 시간표를 확인했다.

(A) 내 옆에 있던 남자는 신문을 넘기고 있었고, 한 십대는 조급하게 발을 흔들며 휴대폰 화면을 바라보고 있었다.
(B) 멀리서 다가오는 버스 엔진 소리가 들리자 기다림이 거의 끝났음을 알리며, 사람들은 정류장 가장자리로 모이기 시작했다.
(C) 버스 문이 열리자, 나는 앞으로 나아가며 다음 단계로 나아갈 준비를 했다.

① (A) - (B) - (C)
② (A) - (C) - (B)
③ (B) - (A) - (C)
④ (C) - (A) - (B)

(A): 기다림의 상황에서, 다른 사람들의 행동을 묘사한다.
(B): 버스 소리가 들리고 사람들의 움직임이 시작되는 기다림의 끝을 알린다.
(C): 버스가 도착하고, 탑승하며 이야기가 끝나는 장면이다.

[19~20]. 밑줄 친 부분에 들어갈 말로 가장 적절한 것을 고르시오.

19.
긱 경제(gig economy)는 단기 계약과 프리랜서 형태의 근로로 특징지어지며, 우버, 파이버, 업워크와 같은 디지털 플랫폼을 통해 크게 성장했다. 이 유연한 근무 형태는 개인들에게 일정과 프로젝트를 자유롭게 선택할 수 있는 기회를 제공한다. 그러나 긱 근로자들은 정규직 직원들이 누리는 고용 안정성, 건강 보험, 법적 보호 등을 갖지 못하는 경우가 많다. 긱 경제가 계속 확장됨에 따라, 정책 입안자들은 _____는 방안을 고민하고 있으며, 이를 통해 빠르게 변화하는 노동 시장에서 공정한 임금과 노동자 권리를 보장하고자 한다.

① eliminate online platforms that offer gig jobs
긱 일자리를 제공하는 온라인 플랫폼을 없애다
② discourage freelance work in developing countries
개도국에서 프리랜서 작업을 저해하다
③ increase automation in the workforce
노동력에서 자동화를 증가시키다
④ establish labor protections for gig workers
긱 근로자를 위한 노동 보호 장치를 마련하다

긱 경제는 일자리의 유연성을 제공하지만, 고용 안정성과 법적 보호 부족이라는 문제를 안고 있다. 정책 입안자들이 고민하는 방안은 당연히 긱 근로자들이 겪는 문제를 해결할 수 있는 방법이어야 하며, 노동자 보호 장치를 마련하는 것이 그 해결책이다. 따라서 ④번(긱 근로자를 위한 노동 보호 마련)이 지문에서 언급된 긱 근로자의 문제점과 가장 잘 맞아떨어진다.

20.
오늘날의 빠르게 변화하는 세상에서, 많은 사람들은 하나의 일에서 다른 일로 바쁘게 옮겨 다니며, 자신의 행동, 생각, 결정을 돌아볼 시간을 갖지 못한다. 그러나 연구에 따르면, 자기 성찰은 개인적·직업적 성장을 위한 강력한 도구라고 한다. 일상 경험을 되돌아봄으로써, 사람들은 자신의 강점, 약점, 행동 패턴을 이해할 수 있다. 성공한 사람들은 종종 시간을 내어 무엇이 잘 되었고, 개선할 점은 무엇인지, 미래의 도전을 어떻게 대비할지를 분석한다. 성찰이 없으면, 사람들은 실수를 반복하고, 경험에서 귀중한 교훈을 얻지 못할 위험이 있다. 개인적 성장과 의도적인 결정을 기르기 위해, 사람들은 _____해야 하며, 이를 통해 매일 배우고 계속 발전할 수 있다.

① practice daily self-reflection and evaluation
매일 자기 성찰과 평가를 실천하다
② assume reflection is unnecessary for growth
성찰이 성장에 필요하지 않다고 가정하다
③ focus only on external opinions for validation
타인의 외부 의견에만 의존하다
④ avoid thinking about past experiences
과거 경험에 대한 생각을 피하다

본문은 자기 성찰(self-reflection)의 중요성을 강조하며, 성공한 사람들은 정기적으로 자신을 돌아본다는 내용이 반복되고 있다. 빈칸에는 개인적 성장과 지속적인 발전을 위해 어떻게 해야 하는지가 들어가야 하며, 지문 내용과 가장 잘 맞는 것은 '매일 자기 성찰과 평가를 실천해야 한다'는 내용이다. ①번은 지문의 핵심 내용(자기 성찰의 필요성)에 맞는 가장 적절한 선택지이다.

영 어

[1~3] 밑줄 친 부분에 들어갈 말로 가장 적절한 것을 고르시오.

1.
바쁜 일정에도 불구하고 그는 가족과 시간을 보내기 위해 _____ 한 노력을 한다.

① consistent (꾸준한)
② halfhearted (마지못한)
③ reluctant (꺼리는)
④ ineffective (효과 없는)

"Despite his busy schedule" (바쁜 일정에도 불구하고)라는 표현은 그가 꾸준히 가족과 시간을 보내려 노력함을 암시한다.. "makes efforts"는 일관성 있는 노력(consistent efforts)과 잘 어울린다.

2.
그 회사의 성장은 혁신적인 리더십에 _____ 되어 있다.

① apparent (분명한)
② attributed (귀속된)
③ accidental (우연의)
④ insufficient (불충분한)

기업의 성장과 혁신적인 리더십 사이의 관계를 설명해야 하는데, "attributed to"는 "A is attributed to B" 구조로 사용되어 "A는 B 덕분이다"라는 의미를 갖으므로 "회사의 성장은 혁신적인 리더십 덕분이다"로 자연스럽게 연결된다.

3.
이 원고는 유명한 역사가에 의해 _____ 전문가 팀에 의해 세심하게 편집되었으며, 19세기 동안 일어난 문화적 변화를 상세히 설명하고 있다.

① writes
② was written (쓰여진)
③ had written
④ is writing

"which"는 관계대명사로 과거에 완성된 필사본(manuscript)에 대한 정보를 추가하는 용도로 사용된다. "meticulously edited"(정확하게 편집된)라는 표현이 과거 시제임을 암시하며, 수동태가 필요하므로, was written (과거 수동태, 작성되었다)이 적절하다.

[4~5] 밑줄 친 부분 중 어법상 옳지 않은 것을 고르시오.

4.
과학자들은 새로운 가설을 테스트하기 위해 실험을 수행했으며, 초기 결과는 그들의 가정이 옳았음을 시사했다. 그러나 연구팀은 결과를 확인하기 위해 추가 연구가 필요로 된다고 언급했으며, 이는 해당 분야에 중요한 영향을 미칠 수 있다.

③ would needed (→ would be needed)

"would"는 조동사이므로 뒤에는 동사 원형이 와야 한다. 올바른 표현은 "would be needed"로, "be needed"는 수동태 표현이며, 연구가 더 필요하다는 의미를 전달하기 위해 적절하다.

5.
그는 오전 10시까지 역에 도착하기로 되어 있었지만, 교통 체증으로 인해 지연되었다. 마침내 도착했을 때, 그는 지갑을 집에 두고 온 것을 깨달았다. 다행히 한 친절한 사람이 그의 표를 대신 결제해주며 도와주겠다고 제안했다.

④ offered him to help (→ offered to help him)

"offer" 동사는 "offer to + 동사 원형" 구조를 사용해야 한다. "offered him to help"는 문법적으로 틀린 표현이며, "offered to help him"이 맞다.

[6~7] 밑줄 친 부분에 들어갈 말로 가장 적절한 것을 고르시오.

6.
Linda Harris: 이번 주말 환경 워크숍에 참여하나요? 9:24
Gary Clark: 아직 잘 모르겠어요. 어떤 워크숍인가요? 9:24
Linda Harris: 쓰레기를 줄이고 지속 가능한 실천 방안을 배우는 워크숍이에요. 9:24
Gary Clark: 정말 흥미롭네요! 얼마나 오래 진행되나요? 9:25
Linda Harris: 3시간짜리 워크숍으로, 실습 활동도 포함돼 있어요. 정말 많이 배울 거예요. 9:25
Gary Clark: 실습 활동은 무엇인가요? 9:26
Linda Harris: _____ 9:26

① We'll be making eco-friendly cleaning products.
우리는 친환경 청소 제품을 만들 예정입니다.
② All the materials needed will be provided.
필요한 모든 재료는 제공됩니다.
③ You need to pay the fee in advance to attend.
참석하려면 사전에 비용을 지불해야 합니다.
④ The workshop ends at 5 PM.
워크숍은 오후 5시에 종료됩니다.

Gary가 "What's the hands-on activity?"(실습 활동은 무엇인가요?)라고 물었으므로, Linda의 답변은 워크숍에서 진행될 실습 활동을 설명해야 한다.

7.
A: 캠핑 여행을 계획 중이라고 들었어요.
B: 네, 다음 주말에 친구들과 함께 갈 거예요.
A: 멋지네요! 어디로 갈 계획인가요?
B: 호수 근처의 장소를 생각하고 있어요.
A: _____
B: 그러길 바라요! 전망이 정말 멋질 거라고 하더라고요.
A: 필요한 캠핑 장비는 다 준비됐나요?
B: 네, 텐트랑 침낭을 빌릴 거예요.

① That sounds like a peaceful place to camp.
캠핑하기에 평화로운 장소처럼 들리네요.
② Isn't it too far to drive there?
거기까지 운전해서 가기엔 너무 멀지 않나요?
③ Camping is the best way to escape from city life.
캠핑은 도시 생활에서 벗어나기 가장 좋은 방법이에요.
④ Are you sure camping near a lake is safe?
호수 근처에서 캠핑하는 게 안전한가요?

빈칸에 들어갈 문장은 B가 말한 "We're thinking of a spot near the lake."(호숫가 근처에서 캠핑할 생각이야.)에 대한 A의 반응이어야 하므로, ①번이 호숫가 캠핑 장소를 긍정적으로 반응하는 자연스러운 답변으로서 적절하다.

[8~9] 다음 글을 읽고 물음에 답하시오.

	Send　Preview　Save
To	Neighborhood Safety Office
From	Lisa Wong
Date	November 12
Subject	Neighborhood Safety Request
📎	My PC　Browse

안녕하세요, 지역 안전 사무국 관계자 여러분.

Pinewood Lane을 포함한 우리 동네의 부족한 가로등 상태에 대한 우려를 전하기 위해 이 이메일을 작성합니다. 이 지역은 밤이 되면 매우 어두워져 보행자에게 위험하며, 사고나 범죄 활동의 위험이 증가합니다.

더 밝고 효율적인 가로등을 설치하면 주민들과 방문객들의 안전이 크게 향상될 것입니다. 이러한 작은 변화는 우리 동네가 모두에게 안전하고 환영받는 장소로 남는 데 크게 기여할 수 있습니다.

이 문제에 대한 관심에 감사드리며, 이 문제를 해결하기 위한 계획에 대해 듣기를 기대하겠습니다.

진심을 담아,
리사 웡

8. 윗글의 목적으로 가장 적절한 것은?

① 새로운 보도를 건설할 것을 제안하려고
② Pinewood Lane에 가로등 개선을 요청하려고
③ 동네의 소음 공해에 대해 불평하려고
④ 지역 안전 사무국에 고장난 가로등을 보고하려고

Lisa는 Pinewood Lane의 가로등 부족 문제를 해결해달라고 요청하는 편지를 작성하고 있다.

9. 밑줄 친 "adequate"의 의미와 가장 가까운 것은?

① substantial (상당한)
② minimal (최소의)
③ insufficient (불충분한)
④ sufficient (충분한)

"the lack of adequate street lighting"에서 "adequate"은 충분한, 적절한이라는 의미로 사용되었다. 문맥상 "충분한 수준의 가로등이 부족하다"는 뜻이므로, "adequate"과 가장 가까운 의미는 "sufficient(충분한)"이다.

[10~11] 다음 글을 읽고 물음에 답하시오.

(A)

다음 직업의 기회를 찾고 계신가요?

Fall Career Fair(가을 취업 박람회)에 참석하여 주요 고용주들을 만나고, 채용 공고를 탐색하며, 경력 개발에 대해 배워보세요. 최근 졸업생이든, 이직을 계획하고 있든, 이 행사에서는 모든 사람을 위한 무언가를 제공합니다. 이력서를 가져오고, 단정한 복장으로 참석하여 좋은 인상을 남기세요.

행사 정보
날짜: 10월 11일 (수요일)
시간: 오전 10시 ~ 오후 4시
장소: City Convention Center, Hall B

주요 내용
· 고용주와의 만남
　주요 기업의 채용 담당자들과 직접 소통하세요.
· 워크숍
　이력서 작성 및 면접 기술 관련 세션에 참석하세요.
· 네트워킹 기회
　직업적인 인맥을 넓힐 수 있는 기회를 가지세요.

더 자세한 정보를 원하시면 www.citycareerfair.org 방문 또는 (654) 321-0987로 전화 주세요.

10. (A)에 들어갈 윗글의 제목으로 가장 적절한 것은?

① How to Build a Resume
　이력서 작성 방법
② Networking for Beginners
　초보자를 위한 네트워킹
③ Top Employers in Your Area
　지역 내 주요 고용주
④ Explore New Career Opportunities
　새로운 직업 기회 탐색

이 글은 취업 박람회(Career Fair)에서 다양한 직업 기회를 탐색하고, 네트워킹하며, 경력 개발을 위한 워크숍에 참여할 수 있음을 설명하고 있으므로 ④번이 가장 적절한 제목이다.

11. Fall Career Fair에 관한 윗글의 내용과 일치하지 않는 것은?

① 구직자들은 이력서를 가져와야 한다.
② 면접 기술에 관한 워크숍이 제공된다.
③ 채용 담당자들을 만날 기회가 있다.
④ 구직자들은 자유로운 복장으로 참가한다.

본문에서 단정한 복장을 요구하고 있으며, 자유로운 복장이 가능하다는 내용은 없다.

12. BookMate 앱에 관한 다음 글의 내용과 일치하지 않는 것은?

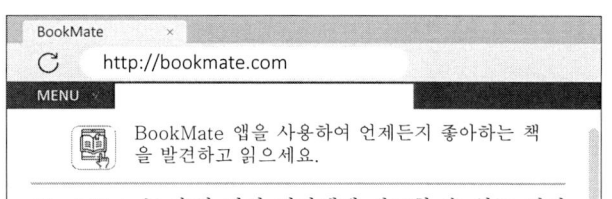

① It has a night mode for comfortable reading.
   편안한 독서를 위한 야간 모드가 있다.
② It is completely free with no subscription.
   구독 없이 완전히 무료이다.
③ Users can create reading lists.
   사용자는 독서 목록을 만들 수 있다.
④ It offers audiobooks.
   오디오북을 제공한다.

본문에서 BookMate는 구독 서비스로 제공됨이 명확히 언급되어 있으므로 ②번은 틀린 내용이다.

13. Infrastructure Development Bureau에 관한 다음 글의 내용과 일치하는 것은?

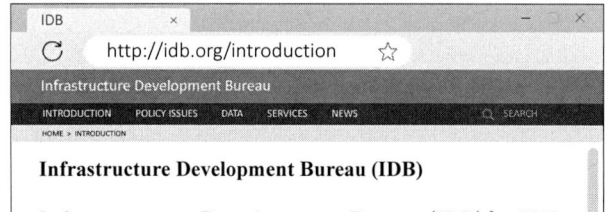

① It provides funding for urban development.
   도시 개발을 위한 자금을 지원한다.
② It does not oversee public building projects.
   공공 건물 프로젝트를 감독하지 않는다.
③ It merely considers environmental impact in its projects.
   프로젝트에서 환경적 영향을 거의 고려하지 않는다.
④ It restricts cities implementing smart technology systems.
   스마트 기술 시스템을 도입하려는 도시를 제한한다.

본문에서 "IDB also provides grants to local governments for transportation improvements and urban development." 라고 언급되었으므로 ①번이 맞는 내용이다.

14. 다음 글의 주제로 가장 적절한 것은?

교통사고는 과속, 부주의한 운전, 교통법규 미준수 등의 원인으로 인해 전 세계적으로 주요 부상 및 사망 원인이 되고 있다. 이에 따라, 정부는 난폭 운전에 대한 처벌을 강화하고, 교통 카메라를 통한 감시를 확대하여 도로 안전을 개선하고 있다. 공공 인식 캠페인은 음주 운전의 위험성과 안전벨트 착용의 중요성을 강조한다. 또한, 횡단보도 추가 및 도로 조명 개선과 같은 도로 인프라 향상도 사고 예방에 기여하고 있다. 추가적으로, 차량의 자동 제동 시스템과 같은 신기술이 충돌을 줄이고 생명을 보호하는 데 도움을 주고 있다.

① Economic impact of traffic congestion
   교통 정체가 경제에 미치는 영향
② History of automobile safety regulations
   자동차 안전 규정의 역사
③ Various benefits of public transportation
   대중교통의 다양한 이점
④ Different strategies to reduce traffic accidents
   교통사고를 줄이기 위한 다양한 전략

본문에서 정부가 교통 법규 강화, 감시 확대, 공공 인식 캠페인, 도로 인프라 향상 등 교통사고를 줄이기 위한 다양한 정책을 시행하는 내용과 교통사고를 줄이기 위한 신기술을 설명하므로 ④번이 가장 적절한 선택지이다.

15. 다음 글의 요지로 가장 적절한 것은?

도시 지역의 녹지 공간은 공기 질 개선, 스트레스 감소, 생물다양성 증가 등 여러 가지 이점을 제공한다. 공원, 정원, 가로수길과 같은 공간은 공기 중 오염 물질을 걸러내어 도시를 더 건강한 환경으로 만든다. 또한, 녹색 환경에 노출되는 것은 불안 및 우울감 감소와 연관이 있으며, 전반적인 정신 건강 증진에 기여한다. 녹지 공간은 새, 곤충 및 기타 야생동물의 서식지 역할을 하여 도시 생물다양성을 높이는 데 중요한 역할을 한다. 최근 도시 계획 프로젝트는 더 지속 가능하고 살기 좋은 환경을 조성하기 위해 녹지 공간을 확장하는 데 초점을 맞추고 있다.

① More parks should be built for urban development
   도시 개발을 위해 더 많은 공원이 조성되어야 한다.
② Cities need more private gardens.
   도시는 더 많은 개인 정원이 필요하다.
③ Parks are affordable to maintain.
   공원은 유지 비용이 저렴하다.
④ Green spaces make cities healthier and more livable.
   녹지 공간은 도시를 더 건강하고 살기 좋은 환경으로 만든다.

16. 다음 글의 흐름상 어색한 문장은?

색깔은 감정과 행동에 강한 심리적 영향을 미칠 수 있다. ① 빨간색은 에너지와 흥분을, 파란색은 평온함과 안정감을 연상시키는 경우가 많다. ② 일부 연구자들은 특정 색깔에 대한 인식이 조명(자연광·인공광)에 따라 변할 수 있다고 믿는다. ③ 마케터들은 밝은 색상을 사용하여 소비자들이 충동 구매를 하도록 유도하는 등, 소비자 행동에 영향을 주기 위해 색채 심리학을 사용한다. ④ 많은 병원들은 환자들에게 안정감을 주는 환경을 만들기 위해 벽을 부드럽고 중립적인 색상으로 칠한다. 색깔 선호도는 사람의 성격, 문화적 배경, 과거 경험에 영향을 받을 수 있다.

글은 색깔이 인간의 감정과 행동에 미치는 심리적 영향에 대해 다루고 있다. ①, ③, ④번 문장은 색깔이 특정한 심리적 상태를 유도하거나 소비자·환자에게 미치는 영향을 설명하며 글의 주제와 일치한다. 그러나 ②번 문장(조명에 따라 색 인식이 변할 수 있다)는 조명과 색깔 인식 변화에 대한 설명으로, 색깔이 심리에 미치는 영향이라는 글의 핵심 주제에서 벗어나 어색한 문장이다.

17. 주어진 문장이 들어갈 위치로 가장 적절한 것은?

연구에 따르면, 정기적으로 웃는 것은 정신적·신체적 건강을 모두 향상시킬 수 있다.

웃음은 종종 최고의 약이라고 불리며, 과학적 연구도 이를 뒷받침한다. (①) 혈압을 낮추고, 면역 기능을 개선하며, 전반적인 웰빙을 높인다는 연구 결과가 있다. (②) 예를 들어, 웃음은 엔도르핀(행복 호르몬)의 분비를 촉진해 스트레스를 줄이고 기분을 개선하며, 정서적 안정성을 높인다. (③) 사회적 상황에서 웃음은 관계를 강화하고 사람들 간의 유대감을 형성하는 데도 도움이 된다. (④) 연구가 계속되면서, 웃음 치료는 스트레스 관리와 의료 분야에서 인정받는 치료법이 되고 있다.

주어진 문장은 정기적인 웃음이 정신적·신체적 건강에 도움이 된다는 연구 결과를 언급하고 있다. 지문의 첫 부분은 웃음이 최고의 약이라고 하며, 과학적 증거가 이를 뒷받침한다고 한다. ①번에 주어진 문장을 넣으면, '연구 결과'를 자연스럽게 소개하면서, ①번 뒤의 혈압·면역 기능·웰빙 개선 등 구체적인 연구 결과로 이어지는 논리적 흐름이 완성된다.

18. 주어진 글 다음에 이어질 글의 순서로 가장 적절한 것은?

리모컨을 찾으려고 소파 쿠션 속을 더듬던 중, 손가락이 작고 차가운 무언가에 닿았다. 궁금한 마음에 그것을 꺼내어 빛에 비춰보았다.

(A) 미소를 지으며, 나는 그것을 탁자 위에 놓고, 찾기를 포기할 때쯤 다시 나타나는 물건들의 묘한 장난에 웃음이 났다.
(B) 손바닥 위에서 그것을 돌려보며, 한때 그것을 찾으려고 온 집안을 뒤졌던 날을 떠올렸다. 결국 포기하고 잃어버렸다고 생각했는데.
(C) 작고 섬세한 디자인의 은 귀걸이는 희미하게 반짝였고, 몇 년간 보지 못했지만 익숙한 느낌이 즉시 떠올랐다.

① (A) - (C) - (B)
② (B) - (A) - (C)
③ (C) - (A) - (B)
④ (C) - (B) - (A)

(C): 발견한 물건이 작은 은 귀걸이였으며, 익숙한 기억이 떠오르는 장면이 자연스럽게 이어진다.
(B): 과거에 이 귀걸이를 찾기 위해 애썼던 기억을 떠올리며 회상이 이어진다.
(A): 마지막으로 미소를 지으며 잃어버린 줄 알았던 귀걸이를 다시 찾게 된 상황을 정리하는 장면이다.

[19~20]. 밑줄 친 부분에 들어갈 말로 가장 적절한 것을 고르시오.

19.

인공지능(AI)으로 구동되는 딥페이크 기술은 현실적인 가짜 영상과 음성 녹음을 만들어내어, 진짜와 조작된 콘텐츠를 구별하기 어렵게 만든다. 이 기술은 엔터테인먼트와 접근성 도구 등에서 정당한 용도로 사용되기도 하지만, 동시에 심각한 윤리적 문제를 야기한다. 딥페이크는 허위 정보 유포, 공인 사칭, 사기 범죄에 사용될 수 있다. 또한, 사이버 범죄에도 사용되어 신원 도용과 명예 훼손을 초래하기도 한다. 기술이 발전함에 따라, 조작된 콘텐츠를 탐지하고 규제하는 것이 점점 더 어려워지고 있다. 이러한 위험을 방지하기 위해, 전문가와 입법자들은 _____ 를 요구하고 있으며, 이를 통해 유익한 활용은 유지하면서 악용을 방지하고자 한다.

① no restrictions on deepfakes
   딥페이크에 대한 무제한
② stronger laws and detection tools
   더 강력한 법과 탐지 도구
③ promoting deepfakes in media
   미디어에서 딥페이크 홍보
④ banning all online videos
   모든 온라인 영상 금지

본문은 딥페이크 기술이 유익하게 사용될 수 있지만, 허위 정보, 사기, 신원 도용 등 악용 사례가 많아 윤리적 문제를 일으킨다고 설명한다. '조작된 콘텐츠 탐지·규제가 어려워진다'는 부분이 나오기 때문에, 이 문제를 해결하기 위해 필요한 것은 법적 규제와 탐지 기술이다. 따라서, ②번(더 강력한 법과 탐지 도구)가 문제 해결 방안으로 가장 적절하다.

20.

자원봉사는 종종 타인을 돕기 위한 활동으로 여겨지지만, 참여자 자신에게도 심리적 이득을 제공한다. 연구에 따르면, 자원봉사에 참여하는 것은 스트레스를 줄이고, 행복감을 높이며, 삶의 목적 의식을 기르게 한다. 다른 사람을 돕는 것은 성취감을 느끼게 하고 사회적 유대감을 강화한다. 또한, 자원봉사는 자아 존중감 향상과 심지어 신체 건강 개선과도 연관이 있다. 자원봉사를 통한 개인적 보상을 극대화하려면, 개인들은 _____ 해야 하며, 이를 통해 자신의 열정과 가치관에 맞는 활동을 할 수 있다.

① focus only on personal gain
   개인적 이익에만 초점을 맞추다
② participate only for recognition
   인정을 받기 위해서만 참여하다
③ engage in meaningful and fulfilling service
   의미 있고 보람 있는 봉사 활동에 참여하다
④ avoid long-term commitments to volunteering
   장기적인 자원봉사 참여를 피하다

지문은 자원봉사가 스트레스 완화, 행복 증가, 자아 존중감 향상 등 개인적 혜택을 제공한다고 강조한다. 마지막 문장은 자원봉사에서 개인적 보상을 극대화하기 위해 어떻게 해야 하는지를 묻고 있다. '자신의 열정과 가치관에 맞는 봉사'라는 내용으로 미루어 볼 때, ③번(의미 있고 보람 있는 봉사 활동에 참여)가 개인적 만족과 성장을 강조한 지문과 가장 잘 맞다.

혼을 다한 노력은 배신하지 않는다.